FERDINAND LASSALLE

Arbeiterprogramm

MIT EINEM NACHWORT HERAUSGEGEBEN
VON WOLFGANG MICHALKA

PHILIPP RECLAM JUN. STUTTGART

Dem hier abgedruckten Text liegt die Ausgabe von 1919 des
Reclam Verlages Leipzig, eingeleitet von Hermann Heller,
zugrunde. Sie wurde im Vergleich mit den Ausgaben von
E. Bernstein (1892/93 und 1919/20), von Thilo Ramm (1962)
und von F. Jenaczek (1970) dem heutigen Sprachgebrauch
angepaßt.

Universal-Bibliothek Nr. 6048
Alle Rechte vorbehalten. © 1973 Philipp Reclam jun., Stuttgart
Gesamtherstellung: Reclam, Ditzingen. Printed in Germany 1983
ISBN 3-15-006048-6

Über den besonderen Zusammenhang der gegenwärtigen Geschichtsperiode mit der Idee des Arbeiterstandes

Meine Herren!*

Aufgefordert, Ihnen einen Vortrag zu halten, habe ich geglaubt, am besten zu tun, wenn ich für denselben ein Thema wähle und auf *streng wissenschaftliche* Weise behandle, welches Sie seiner Natur nach besonders interessieren muß. Ich werde nämlich sprechen über den *speziellen* Zusammenhang, welcher stattfindet zwischen dem Charakter der gegenwärtigen Geschichtsperiode, in der wir uns befinden, und der Idee des *Arbeiterstandes.*

Ich habe bereits bemerkt, daß meine Behandlung des Themas eine *rein* wissenschaftliche sein wird.

Wahre *Wissenschaftlichkeit* aber besteht eben in nichts anderm als in einer völligen *Klarheit* und deshalb in einer völligen *Voraussetzungslosigkeit* des Denkens.

Wegen dieser gänzlichen Voraussetzungslosigkeit, in welcher wir an unseren Gegenstand zu gehen haben, wird es im Verlauf sogar nötig sein, uns klarzuwerden über das, was wir denn eigentlich unter »Arbeiter« oder »Arbeiterstand« verstehen. Denn nicht einmal hierüber dürfen wir uns einer Voraussetzung, als sei das etwas ganz Bekanntes, hingeben. Durchaus nicht! Die Sprache des gewöhnlichen Lebens verbindet vielmehr sehr häufig das eine Mal ganz andere und

---

* Bei der nachfolgenden Ausführung ist nicht außer Augen zu lassen, daß sie ursprünglich nicht für den Druck bestimmt, sondern zum Zweck eines Vortrages in einem hiesigen Handwerkerverein geschrieben war. Ähnliche Gründe wie die, welche den Druck meines Vortrages »Über Verfassungswesen« veranlaßt haben, bestimmen mich, auch den gegenwärtigen Vortrag der Öffentlichkeit zu übergeben.

(Vorbemerkung von Ferdinand Lassalle.)

3

verschiedene Begriffe mit den Worten »Arbeiter« und »Arbeiterstand« als das andere Mal, und wir werden uns daher an seinem Ort zuvor darüber klarwerden müssen, in welchem Sinne wir diese Benennung gebrauchen wollen.

Indes, hierzu ist in diesem Augenblick noch nicht der Ort. Wir werden vielmehr zuvörderst diesen Vortrag mit einer anderen Frage beginnen müssen.

Mit folgender Frage nämlich: Der Arbeiterstand ist nur *ein* Stand unter den mehreren Ständen, welche die bürgerliche Gesellschaft zusammensetzen. Auch hat es zu *jeder* Zeit Arbeiter gegeben. Wie ist es hiernach nur *möglich* und welchen *Sinn* hat es, daß ein besonderer Zusammenhang stattfinden soll zwischen der Idee dieses einzelnen, bestimmten Standes und dem Prinzip der besonderen Geschichtsperiode, in der wir leben?

Um dies zu verstehen, ist es erforderlich, einen Blick in die *Geschichte* zu werfen, in die *Vergangenheit*, meine Herren, welche, richtig verstanden, hier wie immer die Bedeutung der Gegenwart aufschließt und die Umrisse der Zukunft vorauszeigt.

Wir werden uns bei diesem Rückblick möglichst kurz fassen müssen, meine Herren, denn wir würden sonst Gefahr laufen, gar nicht zu dem eigentlichen Thema der Betrachtung in der kurzen Zeit, die uns zugemessen ist, zu gelangen.

Aber selbst auf diese Gefahr hin werden wir wenigstens *irgendeinen* solchen, wenn auch auf die allgemeinsten Umstände beschränkten Rückblick, wie flüchtig er auch sei, auf die Vergangenheit werfen müssen, um daraus den Sinn unserer Frage und unseres Themas zu verstehen.

Gehen wir also auf das *Mittelalter* zurück, so finden wir, daß in demselben sich auch damals bereits, wenn auch freilich lange nicht so ausgebildet wie heute, im ganzen dieselben Stände und Klassen der Bevölkerung vorfinden, welche heute die bürgerliche Gesellschaft zusammensetzen. Aber wir finden ferner, daß *ein* Stand und *ein* Element damals das *herrschende* ist – nämlich der *Grundbesitz*.

Der Grundbesitz ist es, meine Herren, welcher im Mittelalter in jeder Hinsicht das Zepter führt, welcher sein spezifisches besonderes Gepräge *allen* Einrichtungen und dem *ganzen Leben jener Zeit* aufgedrückt hat; er ist es, der als das *herrschende Prinzip* jener Zeit ausgesprochen werden muß.

Der Grund davon, daß der Grundbesitz das herrschende Prinzip jener Zeit ist, ist ein sehr einfacher. Er liegt – wenigstens kann uns hier dieser Grund völlig genügen – in der ökonomischen, wirtschaftlichen Beschaffenheit des Mittelalters; in dem Zustand seiner Produktion. Der Handel war damals noch sehr wenig entwickelt; noch viel weniger die Industrie. Der Hauptreichtum jener Gesellschaft bestand vielmehr unendlich überwiegend in der *Ackerbauproduktion*.

Der *bewegliche* Besitz kam damals neben dem Besitz des Grund und Bodens sehr wenig in Betracht, und wie sehr dies der Fall war, kann Ihnen selbst das Privatrecht, welches immer einen sehr hellen Einblick in die ökonomischen Verhältnisse der Epochen gewährt, in denen es entstanden ist, sehr deutlich zeigen. So erklärte z. B. das mittelalterliche Privatrecht in der Absicht, das Vermögen der Familien von Geschlecht zu Geschlecht fortzuerhalten und gegen Verschwendung zu schützen, das Familienvermögen oder »*Eigen*« für unveräußerlich ohne die Zustimmung der Erben. Aber unter diesem Familienvermögen oder dem »*Eigen*« werden ausdrücklich nur *Grundstücke* verstanden. Die *Fahrnis* dagegen, wie man damals das bewegliche Eigentum nannte, ist ohne Einwilligung der Erben veräußerlich. Und überhaupt wird im allgemeinen alle *Fahrnis* oder das bewegliche Eigentum vom altdeutschen Privatrecht nicht behandelt wie ein selbständiger, fortzeugender Vermögensstock, *Kapital*, sondern immer nur wie *Früchte* vom Grund und Boden, also z. B. wie die Jahresernte vom Boden, und dieser gleichgestellt. Als selbständiger, fortzeugender Vermögensstock wird damals regelmäßig nur der *Grundbesitz* behandelt. Es war daher diesem Zustand der Dinge nur höchst entsprechend und eine einfache Folge davon, daß der *Grundbesitz* – und diejenigen, welche ihn weit überwiegend in Händen hatten, also wie Ihnen bekannt sein wird, Adel und Geistlichkeit – den herrschenden Faktor jener Gesellschaft in jeder Hinsicht bildeten.

Welche Institutionen des Mittelalters Sie auch betrachten mögen, tritt Ihnen immer von neuem *diese* Erscheinung entgegen.

Wir wollen uns begnügen, den Blick auf einige der wesentlichsten dieser Einrichtungen zu werfen, in welchen der Grundbesitz als das herrschende Prinzip zutage tritt.

So zuerst die durch ihn gegebene Organisation der *öffentlichen Macht* oder die *Lehnsverfassung*. Sie wissen, meine Herren, daß diese darin bestand, daß Könige, Fürsten und Herren anderen Herren und Rittern Grundstücke zur Benutzung abtraten, wogegen ihnen die Empfänger besonders die *Heergefolge*, das heißt: die Unterstützung ihrer Lehnsherren in den Kriegen oder Fehden derselben, sowohl persönlich als mit ihren Mannschaften angeloben mußten.

So zweitens die Organisation des *öffentlichen Rechts* oder die *Reichsverfassung*. Auf den deutschen Reichstagen war der Fürstenstand und der große Grundbesitz der Reichsgrafenschaft und der Geistlichkeit vertreten. Die Städte selbst genossen nur dann dort Sitz und Stimme, wenn es ihnen gelungen war, das Privilegium einer freien Reichsstadt zu erwerben.

So drittens die *Steuerfreiheit* des großen Grundbesitzes. Es ist nämlich eine charakteristische und stets wiederkehrende Erscheinung, meine Herren, daß jeder herrschende *privilegierte* Stand stets die Lasten zur Aufrechterhaltung des öffentlichen Wesens auf die unterdrückten und nicht besitzenden Klassen zurückzuwälzen sucht, in offener oder verschleierter, in direkter oder indirekter Form. Als Richelieu im Jahre 1641 6 Millionen Francs von der Geistlichkeit als eine außerordentliche Steuer forderte, um den Bedürfnissen des Staats zu Hilfe zu kommen, gab diese durch den Mund des Erzbischofs von Sens die charakteristische Antwort: »L'usage ancien de l'église pendant sa vigueur était que le peuple contribuait ses *biens*, la noblesse son *sang*, le clergé

6

ses prières aux nécessités de l'Etat«: »Der alte Brauch der Kirche während ihrer Blüte war, daß das Volk beisteuerte für die Bedürfnisse des Staats seine Güter, der Adel sein Blut, die Geistlichkeit ihre Gebete.«

So viertens die soziale *Geringschätzung*, welche auf jeder anderen Arbeit als etwa auf der Beschäftigung mit dem Grund und Boden lastete.

Industrielle Unternehmungen zu leiten, im Handel und den Gewerben Geld zu verdienen, galt für schimpflich und entehrend für die bevorrechtigten, herrschenden beiden Stände, Adel und Geistlichkeit, für welche nur aus dem Grundeigentum ihr Einkommen zu beziehen ehrenhaft erschien.

Diese vier großen und maßgebenden, den Grundcharakter einer Epoche bestimmenden Tatsachen reichen für unsere Betrachtung vollkommen aus, um zu zeigen, wie es in jener Zeitperiode der *Grundbesitz* war, welcher derselben überall sein Gepräge aufdrückte und das herrschende Prinzip derselben bildete.

Dies war so sehr der Fall, daß selbst die scheinbar vollständig *revolutionäre* Bewegung der *Bauernkriege*, die 1524 in Deutschland ausbrach und ganz Schwaben, Franken, das Elsaß, Westfalen und noch andere Teile Deutschlands umfaßte, innerlich noch durch und durch an diesem selben Prinzipe hing, in der Tat also eine *reaktionäre* Bewegung war, trotz ihres revolutionären Gebarens. Sie wissen, meine Herren, daß die Bauern damals die Burgen der Adligen niederbrannten, die Adligen selbst töteten, sie, was die damals übliche Form war, durch die Spieße laufen ließen. Und nichtsdestoweniger, trotz dieses äußeren revolutionären Anstrichs, war die Bewegung innerlich von Grund aus *reaktionär*.

Denn die Wiedergeburt der staatlichen Verhältnisse, die *deutsche Freiheit*, welche die Bauern herstellen wollten, sollte nach ihnen darin bestehen, daß die besondere und bevorrechtete Zwischenstellung, welche die *Fürsten* zwischen Kaiser und Reich einnahmen, fortfallen und statt ihrer auf den deutschen Reichstagen nichts als der *freie und unabhängige Grundbesitz*, und zwar der *bäuerliche* und *ritterliche*

– die beide bis dahin nicht vertreten waren – *ebensogut* wie der eigene, unabhängige Grundbesitz der Adligen aller Art, also der Ritter, Grafen und der bisherigen Fürsten, ohne Rücksicht auf diese früheren Unterschiede, und wieder der *adlige* Grundbesitz seinerseits so gut wie der *bäuerliche* vertreten sein sollte.

Sie sehen also sofort, meine Herren, daß dieser Plan in letzter Instanz auf nichts anderes hinausläuft als auf eine nur konsequentere und gerechtere Durchführung des *Prinzips*, welches der damals eben sich zu Ende neigenden Epoche zugrunde gelegen hatte, auf eine nur konsequentere, reinere und gerechtere Durchführung des Prinzips nämlich: der *Grundbesitz* solle das herrschende Element und die *Bedingung* sein, welche allein einen jeden zu einem Anteil an der Herrschaft über den Staat berechtige. Daß jeder einen solchen Anteil schon *deshalb* fordern könne, weil er *Mensch*, weil er ein *vernünftiges Wesen* sei, auch *ohne* jeden Grundbesitz – das fiel den Bauern nicht entfernt ein! Dazu waren die damaligen Verhältnisse noch nicht entwickelt, die damalige Gedankenbildung noch nicht revolutionär genug.

So war denn diese äußerlich mit so revolutionärer Entschiedenheit auftretende Bauernbewegung innerlich vollkommen *reaktionär*; d. h., sie stand, statt auf einem *neuen revolutionären* Prinzip zu stehen, ohne es zu wissen, innerlich vielmehr durchaus auf dem Prinzip des Alten, des Bestehenden, auf dem Prinzip der damals gerade *untergehenden* Periode, und nur gerade deshalb, weil sie, während sie sich für *revolutionär* hielt, in der Tat *reaktionär war*, ging die Bauernbewegung zugrunde.

Es war hiernach damals sowohl der *Bauern-* als der *Adelserhebung* (Franz von Sickingen) gegenüber – welchen beiden das Prinzip *gemeinschaftlich* war, den Anteil an der Staatsherrschaft noch konsequenter, als bis dahin der Fall, auf den Grundbesitz zu gründen – das emporstrebende *Landesfürstentum* als von der Idee einer vom Grundeigentum unabhängigen *Staatssouveränität* getragen, als Vertreter einer von den *Privatbesitzverhältnissen* unabhängigen *Staatsidee*

8

ein immerhin relativ berechtigtes und revolutionäres Moment – und dies eben war es, was ihm die Kraft zu seiner siegreichen Entwicklung und zur Unterdrückung der Bauern- und Adelsbewegung gab.

Ich habe bei diesem Punkt etwas nachdrücklich verweilt, meine Herren, einmal um Ihnen die Vernünftigkeit und den Fortschritt der Freiheit in der geschichtlichen Entwicklung sogar an einem Beispiele, an welchem dies bei oberflächlicherer Betrachtung keineswegs einleuchtet, nachzuweisen; zweitens weil die Geschichtsschreiber noch weit davon entfernt sind, diesen reaktionären Charakter der Bauernbewegung und den lediglich in ihm liegenden Grund ihres Mißlingens zu erkennen, vielmehr, durch den äußeren Anschein getäuscht, die Bauernkriege für eine wirklich revolutionäre Bewegung halten.

Drittens endlich deshalb, weil sich zu allen Zeiten dies Schauspiel häufig wiederholt, daß gedankenunklare Menschen – und hierzu, meine Herren, können die scheinbar Allergebildetsten, können Professoren gehören und gehören, wie uns die Paulskirche traurigen Angedenkens gezeigt hat, *vorzüglich* häufig dazu – in die ungeheure Täuschung verfallen, das, was nur der *konsequentere und reinere* Gedankenausdruck der eben *untergehenden* Zeitperiode und Welteinrichtung ist, für ein *neues, revolutionäres* Prinzip zu halten.

Vor solchen nur in ihrer eigenen *Einbildung* revolutionären Männern und Richtungen möchte ich – denn es wird uns in der Zukunft daran ebensowenig fehlen, als es uns bisher in der Vergangenheit daran gefehlt hat – Sie warnen, meine Herren!

Es läßt sich daran zugleich der Trost knüpfen, daß die zahlreichen sofort oder binnen kurzer Zeit nach momentanem Gelingen wieder verunglückten Bewegungen, welche wir in der Geschichte finden und welche den wohlmeinenden, aber oberflächlichen Blick manchen Volksfreundes mit trüber Besorgnis erfüllen können, immer nur solche bloß in *ihrer Einbildung* revolutionäre Bewegungen waren.

9

Eine *wirklich* revolutionäre Bewegung, eine solche, die auf einem wahrhaft neuen Gedankenprinzip steht, ist, wie sich der tiefere Denker zu seinem Troste aus der Geschichte zu beweisen vermag, noch *niemals* untergegangen, mindestens nicht auf die Dauer.

Ich kehre zu meinem Faden zurück.

Wenn die Bauernkriege nur in ihrer Einbildung revolutionär waren, so war dagegen damals *wirklich* und *wahrhaft revolutionär* der Fortschritt der Industrie, der bürgerlichen Produktion, der sich immer weiter entwickelnden Teilung der Arbeit und der hierdurch entstandene *Kapitalreichtum*, der sich ausschließlich in den Händen der Bourgeoisie aufhäufte, weil sie eben der Stand war, welcher sich der Produktion unterzog und deren Vorteile sich aneignete.

Man pflegt mit der Reformation, also mit dem Jahre 1517, das Ende des Mittelalters und den Anbruch der neueren Geschichte zu datieren.

In der Tat ist das in dem Sinne richtig, daß in den unmittelbar auf die Reformation folgenden zwei Jahrhunderten langsam, allmählich und unmerklich ein Umschwung eintritt, welcher das Aussehen der Gesellschaft von Grund auf verändert und in ihrem Herzen eine *Umwälzung* vollzieht, welche später im Jahre 1789 durch die Französische Revolution nur *proklamiert*, nicht aber eigentlich *geschaffen* wird.

Worin dieser Umschwung bestand, fragen Sie?

In der *rechtlichen* Stellung des Adels hatte sich nichts geändert. *Rechtlich* waren Adel und Geistlichkeit die beiden herrschenden Stände, die Bourgeoisie der überall zurückgesetzte und unterdrückte Stand geblieben. Aber wenn sich *rechtlich* nichts geändert hatte, so war *faktisch*, war *tatsächlich* die Umänderung der Verhältnisse eine um so ungeheurere gewesen.

Durch die Erzeugung und Aufhäufung des Kapitalreichtums, des, im Gegensatz zum Grundeigentum, beweglichen Besitzes in den Händen der Bourgeoisie, war der Adel in eine vollkommene Unbedeutendheit, ja bereits in wahre *Abhängigkeit* von dieser reich gewordenen Bourgeoisie herabgesunken. Bereits mußte er, wollte er sich irgend neben ihr halten, allen seinen Standesprinzipien abtrünnig werden und zu denselben Mitteln des industriellen Erwerbs zu greifen anfangen, welchen die Bourgeoisie ihren Reichtum und somit ihre tatsächliche Macht verdankte.

Schon die Komödien Molières, der zur Zeit Ludwigs XIV. lebte, zeigen uns – eine höchst interessante Erscheinung – den damaligen Adel die reiche Bourgeoisie verachtend und bei ihr schmarotzend zu gleicher Zeit.

Louis XIV. selbst, dieser stolzeste König, zieht bereits in seinem Schlosse zu Versailles den Hut und erniedrigt sich vor dem Juden Samuel Bernard, dem Rotschild der damaligen Epoche, um ihn zu einem Anlehen geneigt zu machen.

Als Law, der berühmte schottische Finanzmann, in Frankreich im Anfang des 18. Jahrhunderts die *Handelskompagnien* gebildet hatte, eine auf Aktien gegründete Gesellschaft, welche zur kommerziellen Ausbeutung der Mississippiufer, der Louisiana, Ostindiens usw. zusammengetreten war, war der Regent von Frankreich selbst unter ihren Direktoren – Mitglied einer Kaufmanns-Gesellschaft! Ja, der Regent sah sich genötigt, im August 1717 Edikte zu erlassen, in welchen verordnet wurde, daß die Adligen, ohne sich etwas zu vergeben, in den See- und Kriegsdienst dieser Handelskompagnien treten könnten! *Dahin* war also bereits damals der kriegerische und stolze Feudaladel Frankreichs gekommen, den bewaffneten Kommis für die industriellen und kommerziellen Unternehmungen der alle Weltteile durcheinanderwühlenden Bourgeoisie zu machen.

Ganz entsprechend diesem Umschwunge hatte sich bereits damals ein *Materialismus* entwickelt, ein heißhungriges, gieriges Ringen nach Geld und Gut, dem alle sittlichen Ideen, ja, was bei den bevorrechteten Ständen leider in der Regel noch mehr sagen will, selbst alle Standesvorurteile feil waren. Unter demselben Regenten von Frankreich wird Graf Horn, einer der vornehmsten, mit den ersten Familien Frankreichs, ja mit dem Regenten selbst verwandten Adligen, als *gemeiner Raubmörder* gerädert, und die Herzogin von Orleans, eine deutsche Prinzeß, schreibt in einem Briefe vom 29. November 1719, sechs der vornehmsten Damen hätten eines Tages dem vorhin erwähnten Law, der damals der gefeiertste und auch der beschäftigste Mann in Frankreich war und dessen es sich infolgedessen sehr schwer war zu bemächtigen, in dem Hofe eines Gebäudes aufgepaßt, um ihn zu bewegen, ihnen von jenen von ihm gestifteten Aktien abzulassen, um die sich damals ganz Frankreich riß und die auf der Börse sechs- und achtmal so hoch und höher standen, als der Nominalpreis betrug, zu dem sie von Law ausgegeben worden waren. Law sei sehr beeilt gewesen, habe nicht hören wollen und habe endlich zu den Damen, die ihn nicht von der Stelle ließen, gesagt: »Meine Damen, ich bitte tausendmal um Verzeihung, aber wenn Sie mich nicht loslassen, so muß ich platzen, denn ich habe ein Bedürfnis zu pissen, welches mir unmöglich ist, länger anzuhalten.« Worauf ihm die sechs vornehmen Damen geantwortet: »Eh bien, monsieur, pissez pourvu que vous nous écoutiez.« (»Nun wohl, mein Herr, pissen Sie immerhin, wenn Sie uns nur anhören.«) Und sie blieben in der Tat während dieses Aktes bei ihm stehen und trugen ihm ihr Anliegen vor.

Fragen Sie mich wiederum, welche Ursachen es gewesen waren, welche diese Entwicklung der Industrie und den dadurch hervorgerufenen Reichtum der Bourgeoisie ermöglicht hatten, so würde ich durch ein genaueres Eingehen auf dieselben weitaus den Zeitraum, den ich mir gestatten kann, überschreiten müssen. Nur kurz aufzählen kann ich Ihnen die allerwesentlichsten derselben: die Entdeckung Amerikas und der hierdurch auf die Produktion geübte unermeßliche Einfluß; der durch die Umschiffung des Kaps der Guten Hoffnung entdeckte Seeweg nach Ostindien, während früher aller Handel mit dem Orient und Indien den Landweg über Suez nehmen mußte; die Erfindung der Magnetnadel und des Kompasses, die hierdurch für allen Seehandel herbeigeführte größere Sicherheit, Schnelligkeit und Verminderung der Assekuranzprämie; die im Innern der Länder angelegten Wasserstraßen, die Kanäle und auch die Chausseen, welche durch die Verminderung der Transportkosten zahlreichen Produkten, die früher ihre Verteuerung durch den Transport nicht ertragen konnten, erst die Möglichkeit entfernteren Absatzes erschließen; die größere bürgerliche Sicherheit des Besitzes, die geordnete Justiz, die Erfindung des Pulvers und das infolge dieser Erfindung eingetretene Brechen der kriegerischen Feudalmacht des Adels durch das Königtum; die durch die Zerstörung der adligen Burgen und der selbständigen adligen Kriegsmacht wieder eingetretene Entlassung ihrer Landsknechte und Reisigen, denen nun nichts übrigbleibt, als Aufnahme im mittelalterlichen Arbeitsatelier zu suchen – *alle* diese Ereignisse ziehen an dem Triumphwagen der Bourgeoisie!

Alle diese Ereignisse und noch viele andere, die man Ihnen aufzählen könnte, fassen sich inzwischen in die *eine* Wirkung zusammen: durch die Eröffnung *großer* débouchés, d. h. großer Absatzgebiete, und die damit verbundene Verminderung der Produktions- und Transportkosten, die Produktion in Masse, die Produktion *für den Weltmarkt* hervorzurufen; hierdurch wieder das Bedürfnis der *billigen* Produktion zu schaffen, welches wiederum nur durch eine immer weiter getriebene *Teilung* der Arbeit, das heißt durch eine immer vollständiger ausgeführte Zerlegung der Arbeit in ihre einfachsten mechanischen Operationen, befriedigt werden kann und hierdurch wiederum seinerseits eine Produktion in immer größerem Maßstabe hervorruft.

Wir stehen hier auf dem Boden der Wechselwirkungen, meine Herren. Jede dieser Tatsachen ruft die andere hervor, und diese andere wirkt wieder auf die erste zurück, erweitert und vergrößert ihren Umfang.

So wird es Ihnen klar sein, daß die Produktion eines Artikels in ungeheuren Massen, seine Produktion für den Weltmarkt, nur dann im allgemeinen leicht möglich ist, wenn sich die Produktionskosten dieses Artikels *billig* stellen und wenn auch der *Transport* desselben billig genug ist, um seinen Preis nicht erheblich zu verteuern. Denn die Produktion in ungeheuren Massen erfordert den Absatz en masse, und der massenhafte Absatz einer Ware läßt sich nur hervorrufen durch ihren billigen Preis, der sie einer sehr großen Anzahl von Käufern zugänglich macht. Die billigen Produktions- und Transportkosten einer Ware rufen also ihre Produktion auf großem Fuße, in großen Massen hervor. Umgekehrt wird Ihnen aber auch wieder sofort klar sein, daß die Produktion eines Artikels in großen Massen die Billigkeit desselben erzeugt und vermehrt. Ein Fabrikant, welcher z. B. zweimalhunderttausend Stück Kattun im Jahr absetzt, kann, sowohl wegen der billigeren Beschaffung des Rohmaterials im großen als weil sich sein Kapitalprofit und die Zinsen seiner gewerblichen Anlagen, Gebäude, Maschinen über eine so große Anzahl von Stücken verteilen, innerhalb gewisser Grenzen jedes Stück weit billiger geben als ein Fabrikant, der nur fünftausend solcher Stücke jährlich produziert. Die größere Billigkeit der Produktion führt also zur Produktion im großen, diese führt im allgemeinen wieder größere Billigkeit herbei, diese ruft wieder eine noch massenhaftere Produktion hervor, die wiederum eine noch größere Billigkeit erzeugt, und so fort.

Es verhält sich ganz ebenso in bezug auf die *Teilung der Arbeit*, welche ihrerseits wieder die notwendige Voraussetzung der Produktion in Masse und der Billigkeit ist und ohne welche weder Billigkeit noch Produktion in Masse möglich wäre.

Die Teilung der Arbeit, welche die Herstellung eines Produkts in eine große Anzahl ganz einfacher, oft rein mechanischer und verstandloser Operationen zerlegt und für jede einzelne dieser Teiloperationen besondere Arbeiter anstellt, wäre gar nicht möglich ohne massenhafte Produktion dieser Artikel, wird also durch diese erst hervorgerufen und entwickelt. Umgekehrt führt diese Zerlegung der Arbeit in solche ganz einfache Operationen und Handgriffe weiter 1. zu einer immer größeren Billigkeit, 2. deshalb zu einer Produktion in immer größeren, riesenhaften Massen, zu einer immer mehr nicht auf diese und jene nahegelegene Absatzkreise, sondern auf den ganzen *Weltmarkt* berechneten

Produktion und 3. hierdurch und durch die neuen Zerlegungen, die sich hierdurch bei den einzelnen Arbeitsoperationen anbringen lassen, wieder zu immer größeren Fortschritten in der Teilung der Arbeit selbst.

Durch die Reihe dieser Wechselwirkungen war allmählich eine totale Umänderung in der gesellschaftlichen Arbeit und somit in allen Lebensverhältnissen der Gesellschaft eingetreten.

Dieser Umschwung läßt sich in der Kürze am besten auf folgenden Gegensatz reduzieren:

Im früheren Mittelalter hatte man, da nur eine sehr geringe Anzahl von kostbaren Produkten die Teuerkeit des Transports ertrug, produziert für das Bedürfnis der eigenen Lokalität und sehr beschränkter, nahe gelegener Absatzkreise, deren Bedürfnis eben deshalb ein bekanntes, festes und unschwankendes war. Das Bedürfnis oder die Nachfrage war der Produktion oder dem Angebot *vorausgegangen* und bildete die *bekannte Richtschnur* dafür. Oder mit anderen Worten: Die gesellschaftliche Produktion war vorherrschend eine *handwerksmäßige* gewesen. Denn dies ist eben im Unterschied von dem Fabrikations- oder Großbetrieb der Charakter des kleinen oder Handwerksbetriebs, daß entweder das Bedürfnis abgewartet wird, um zu produzieren, wie z. B. der Schneider meine Bestellung abwartet, um mir einen Rock zu machen, der Schlosser, um mir ein Schloß zu verfertigen, oder daß doch, wenn auch manche Gegenstände im voraus gearbeitet werden, sich im ganzen diese Vorausarbeit beschränkt auf ein Minimum des erfahrungsmäßig genau bekannten Bedürfnisses in der eigenen Lokalität und ihrer nächsten Nachbarschaft, wie z. B., wenn ein Klempner eine gewisse Anzahl von Lampen im voraus arbeitet, von denen er weiß, daß der städtische Bedarf sie bald absorbiert haben muß.

Die charakteristischen Eigenschaften einer vorherrschend in dieser Weise produzierenden Gesellschaft, meine Herren, sind Armut oder doch nur eine bescheidene Wohlhabenheit und dagegen eine gewisse Festigkeit und Stabilität aller Verhältnisse.

Jetzt dagegen war allmählich durch die unablässige Wechselwirkung, die ich Ihnen geschildert habe, ein total entgegengesetzter Charakter der gesellschaftlichen Arbeit und damit aller Lebensverhältnisse eingetreten, der *heute* in einer freilich ganz anders ausgebildeten, in einer riesenhaft entwickelten Weise die gesellschaftliche Arbeit kennzeichnet. In dieser riesenhaften Entwicklung, die er *heute* hat, läßt sich dieser Charakter im Gegensatz zu dem früher geschilderten *also* kennzeichnen: Wenn früher das Bedürfnis vorausging dem Angebot, der Produktion, diese nach sich zog und bestimmte, ihre Richtschnur und ihr *bekanntes Maß* bildete, so geht jetzt die Produktion, das Angebot, dem Bedürfnis voraus und sucht dieses zu *erzwingen*. Es wird produziert nicht mehr für die Lokalität, nicht mehr für das bekannte Bedürfnis nahegelegener Absatzkreise, sondern für den *Weltmarkt*. Es wird produziert ins Weite und Allgemeine hinein, für alle Weltteile, für ein schlechthin unbekanntes und nicht zu bestimmendes Bedürfnis, und damit das Produkt sich das *Bedürfnis* nach ihm *erzwingen* kann, wird ihm eine *Waffe* mitgegeben, die *Billigkeit*. Die Billigkeit ist die Waffe des Produkts, mit der sich es einerseits den Käufer *erobert* und mit der es andererseits alle anderen Waren derselben Art aus dem Felde schlägt, die gleichfalls auf den Käufer eindringen wollen, so daß in der Tat unter dem System der freien Konkurrenz ein jeder Produzent hoffen kann, wie riesenhafte Massen er auch produziere, für alle diese Absatz zu gewinnen, wenn es ihm nur gelingt, durch bessere Bewaffnung seiner Ware mit Billigkeit die Waren seiner Mitproduzenten kampfunfähig zu machen.

Der hervorstechende Charakter einer solchen Gesellschaft ist großer, unermeßlicher Reichtum, andererseits ein großes Schwanken aller Verhältnisse, eine fast beständige sorgenvolle Unsicherheit in der Lage der einzelnen, verbunden mit einer sehr verschiedenartigen Beteiligung der zur Produktion Mitwirkenden an dem Gewinn der Produktion.

So groß also, meine Herren, war der Umschwung gewesen, welchen die stille, revolutionäre, unterwühlende Tätigkeit der Industrie schon vor dem Ende des vorigen Jahrhunderts unmerklich in dem Herzen der Gesellschaft herbeigeführt hatte.

Wenn die Männer der Bauernkriege noch nicht gewagt hatten, auch nur einen anderen *Gedanken* zu fassen als den, den Staat auf den *Grundbesitz* zu gründen, wenn sie noch nicht einmal in Gedanken sich von der Anschauung loszuwinden vermocht hatten, daß der *Grundbesitz* das notwendig die Herrschaft über den Staat führende Element und die Teilnahme an diesem Besitz die Bedingung für die Teilnahme an dieser Herrschaft sei, so hatte es der stille, unmerklich revolutionierende Fortschritt der Industrie dahin gebracht, daß bereits lange vor Ende des vorigen Jahrhunderts der Grundbesitz zu einem seiner früheren Wichtigkeit verhältnismäßig *völlig* entkleideten Element geworden und neben der Entwicklung der neuen Produktionsweisen und der Reichtümer, die sie in ihrem Schoße barg und täglich aufhäufte, des immensen Einflusses, den sie dadurch über die ganze Bevölkerung und ihre Verhältnisse, sogar auf den zum großen Teil arm gewordenen Adel selbst ausübte, zu einer untergeordneten Stelle herabgesunken war.

Die Revolution war somit bereits in dem Innern der Gesellschaft, in den *tatsächlichen* Verhältnissen derselben eingetreten, lange ehe sie in Frankreich ausbrach, und es war nur noch erforderlich, diesen Umschwung auch zur *äußeren Anerkennung* zu bringen, ihm *rechtliche Sanktion* zu geben.

Dies ist überhaupt bei *allen Revolutionen* der Fall, meine Herren! Man kann *nie* eine Revolution *machen*; man kann immer nur einer Revolution, die schon in den tatsächlichen Verhältnissen einer Gesellschaft eingetreten ist, auch äußere *rechtliche Anerkennung* und *konsequente Durchführung* geben.

Eine Revolution *machen* wollen, ist die Torheit unreifer Menschen, die von den Gesetzen der Geschichte keine Ahnung haben.

Eben deshalb ist es ebenso unreif und ebenso kindisch, eine Revolution, die sich bereits einmal in den Eingeweiden einer

Gesellschaft vollzogen hat, zurückdämmen und sich ihrer rechtlichen Anerkennung widersetzen oder einer solchen Gesellschaft oder einzelnen, die sich bei diesem Hebammendienst beteiligen, den Vorwurf machen zu wollen, daß sie revolutionär seien. Ist die Revolution drin in der Gesellschaft, in ihren tatsächlichen Verhältnissen, so muß sie, da hilft nichts, auch herauskommen und in die Gesetzsammlung übergehen.

Wie sich dies verhält und wie weit es hierin in der Zeit, von der ich spreche, bereits gekommen war, sehen Sie am besten an einer Tatsache, die ich noch erwähnen will.

Ich habe Ihnen vorhin von der Teilung der Arbeit gesprochen, deren Entwicklung darin besteht, jede Produktion in eine Reihe ganz einfacher, mechanischer und verstandloser Operationen zu zerlegen.

Indem diese Zerlegung immer weiter fortschreitet, entdeckt man endlich, daß sich diese einzelnen Operationen, da sie ganz einfach und verstandlos sind, ebensogut und besser auch von verstandlosen Faktoren vollbringen lassen, und so erfindet im Jahre 1775, also vierzehn Jahre vor der Französischen Revolution, Arkwright in England die erste Maschine, seine berühmte Baumwollenspinnmaschine.

Man kann sagen, daß diese Maschine an und für sich schon die Revolution nicht hervorbrachte, dazu geht ihr diese Erfindung, die überdies auch nicht augenblicklich in Frankreich eingeführt wurde, viel zu kurze Zeit vorher, sondern daß sie die bereits tatsächlich eingetretene, bereits vollzogene Revolution in sich verkörperte. Sie war selbst schon, so unschuldig sie aussah, diese Maschine, die lebendig gewordene Revolution.

Die Gründe hierfür sind einfach.

Sie werden von der Zunftverfassung gehört haben, in welcher sich die mittelalterliche Produktion bewegte.

Ich kann hier auf das Wesen der mittelalterlichen Zünfte so wenig eingehen wie auf dasjenige der seit der Französischen Revolution überall an die Stelle der Zünfte getretenen freien Konkurrenz. Ich kann hier nur in Weise einer Versicherung die Tatsache hinstellen, daß das mittelalterliche Zunftwesen untrennbar mit den anderweitigen Einrichtungen des Mittelalters verbunden war. Kann ich Ihnen aber auch heute die Gründe dieser untrennbaren Verbindungen nicht klarlegen, so läßt sich die Tatsache selbst doch schon geschichtlich beweisen. Die Zünfte haben das ganze Mittelalter hindurch bis zur Französischen Revolution gedauert. Schon im Jahre 1672 wird über ihre Aufhebung auf dem deutschen Reichstag verhandelt – aber vergeblich. Ja, schon im Jahre 1614 wird auf den französischen Etats généraux, den französischen Reichsständen, von der Bourgeoisie die Abschaffung der Zünfte, welche sie in der Produktion bereits überall beengten, verlangt. Ebenso vergeblich. Ja noch mehr, dreizehn Jahre vor der Revolution, im Jahre 1776, hebt ein reformierender Minister in Frankreich, der berühmte Turgot, die Zünfte auf. Aber die feudale privilegierte Welt des Mittelalters erblickte sich, und mit vollkommenem Recht, in Todesgefahr, wenn ihr Lebensprinzip, das Privileg, nicht alle Klassen der Gesellschaft durchdränge, und so wird denn der König sechs Monate nach Aufhebung der Zünfte vermocht, sein Edikt zu widerrufen und die Zünfte wiederherzustellen. Erst die Revolution stürzte – diese aber auch an einem Tage durch den Bastillesturm –, was in Deutschland seit 1672, in Frankreich seit 1614, also seit fast *zwei Jahrhunderten,* auf legalem Wege vergeblich erstrebt worden war.

Sie ersehen daraus, meine Herren, daß, welche große Vorteile auch dem Reformieren auf legalem Wege zukommen, dieser doch wieder bei allen wichtigeren Punkten den einen großen Nachteil hat, von einer sich über ganze Jahrhunderte hin erstreckenden Ohnmacht zu sein, und andererseits, daß der revolutionäre Weg, mit wie unleugbaren Nachteilen er auch verbunden ist, dafür den einen Vorteil hat, schnell und energisch zu einem praktischen Ziele zu führen.

Halten Sie nun, meine Herren, mit mir einen Augenblick die Tatsache fest, daß die Zünfte in einer untrennbaren Weise mit der gesamten gesellschaftlichen Einrichtung des Mittelalters verbunden waren, so ersehen Sie sofort, wie die erste

19

Maschine, jene Baumwollenspinnmaschine, die Arkwright erfand, eine *vollständige* Umwälzung jener gesellschaftlichen Zustände bereits in sich enthielt.

Denn wie sollte die Produktion mit Maschinen möglich sein unter der Zunftverfassung, bei welcher die Anzahl von Gesellen und Lehrlingen, welche ein Meister halten durfte, in jeder Lokalität gesetzlich bestimmt war? Oder wie sollte unter der Zunftverfassung, bei welcher die verschiedenen Arbeitszweige auf das genaueste gesetzlich voneinander abgegrenzt waren und jeder Meister nur einen derselben betreiben durfte, so daß z. B. die Schneider von Paris mit den Flickschneidern, die Nagelschmiede mit den Schlossern hundertjährige Prozesse führten, um die Grenzen zwischen ihren Gewerben festzustellen – wie sollte unter einer solchen Zunftverfassung die Produktion mit einem System von Maschinen möglich sein, welche vielmehr die Verbindung der verschiedenartigsten Arbeitsgattungen unter der Hand eines und desselben Kapitals erfordert?

Es war also dahin gekommen, daß die Produktion selbst durch ihre beständige schrittweise Vervollkommnung Produktionsinstrumente hervorgebracht hatte, welche den bestehenden Zustand der Dinge in die Luft sprengen mußten, Produktionsinstrumente und Produktionsweisen, welche in diesem Zustand keinen Platz und Entwicklungsraum mehr finden konnten.

In diesem Sinne, sagte ich, war die erste Maschine bereits an und für sich eine Revolution, denn sie trug in ihren Kämmen und Rädern, so wenig ihr dies auch bei der äußerlichen Betrachtung anzusehen gewesen wäre, bereits im Keime den ganzen auf die freie Konkurrenz gebauten neuen Zustand der Gesellschaft in sich, der sich mit der Kraft und Notwendigkeit des Lebens aus diesem Keime entwickeln mußte.

Und so mag es, wenn ich nicht sehr irre, auch heute sein, meine Herren, daß bereits mehrfache Erscheinungen existieren, welche einen neuen Zustand der Dinge in sich tragen und ihn mit Notwendigkeit aus sich entwickeln müssen, Erscheinungen, denen man dies gleichwohl auf den äußerlichen

Blick durchaus nicht ansieht, so daß an ihnen, während man unbedeutende Agitatoren verfolgt, selbst die Behörden nicht nur unbefangen vorübergehen, sondern sie sogar als notwendige Träger unserer Kultur gelten lassen, als Blüten und Höhepunkte derselben begrüßen und ihnen bei Gelegenheit anerkennende und preisende Festreden halten.

Nach allen diesen Erörterungen, meine Herren, werden Sie nun ganz begreifen die wahre Bedeutung der berühmten Broschüre, welche 1788, ein Jahr vor der Französischen Revolution, der Abbé Sieyès veröffentlichte und welche sich in die Worte resümiert: »Qu'est-ce que c'est que le tiers état? Rien! Qu'est-ce qu'il doit être? Tout!«

Tiers état oder dritter Stand wurde nämlich in Frankreich die Bourgeoisie deshalb genannt, weil sie auf den französischen Reichsständen den beiden bevorrechteten Ständen, dem Adel und der Geistlichkeit, gegenüber den *dritten* Stand bildete, der das ganze nicht privilegierte Volk bedeutete.

Jene Broschüre faßt sich also in die beiden von Sieyès daselbst aufgestellten Fragen und erteilten Antworten zusammen: »Was ist der dritte Stand? Nichts! Was sollte er sein? Alles!«

So formuliert Sieyès diese beiden Fragen und Antworten. Schärfer und richtiger ausgedrückt war aber, wie aus allem Früheren folgt, die wahre Bedeutung dieser Fragen und Antworten vielmehr folgende:

»Was ist der dritte Stand *faktisch, tatsächlich? Alles.*

Was aber ist er *rechtlich? Nichts!*«

Es handelte sich also darum, die *rechtliche* Stellung des dritten Standes seiner *tatsächlichen* Bedeutung gleichzumachen; es handelte sich darum, seine *tatsächlich* schon vorhandene Bedeutung auch zur *rechtlichen* Sanktion und Anerkennung zu bringen – und dies eben ist das Werk und die Bedeutung der siegreichen Revolution, die 1789 in Frankreich ausbrach und ihren umgestaltenden Einfluß auch auf die anderen Länder Europas ausübte.

Ich habe Ihnen hier nicht, meine Herren, die Geschichte der Französischen Revolution zu geben. Nur die wichtigsten und entscheidendsten Übergangspunkte der gesellschaftlichen Perioden können wir hier betrachten, und auch diese nur, wegen der sonst dazu erforderlichen Zeitdauer, ganz kurz und flüchtig.

Es ist daher hier die Frage aufzuwerfen, wer war dieser dritte Stand oder die Bourgeoisie, welche durch die Französische Revolution den Sieg über die privilegierten Stände und die Herrschaft über den Staat erlangt?

Da dieser dritte Stand den privilegierten, gesetzlich bevorrechteten Ständen der Gesellschaft gegenüberstand, so faßte er damals im ersten Augenblick sich selbst als gleichbedeutend mit dem gesamten Volke, *seine* Sache als die Sache der ganzen *Menschheit* auf. Daher die erhebende und gewaltige Begeisterung, die in jener Periode herrscht. Die *Menschenrechte* werden erklärt, und es scheint, als habe mit der Befreiung und Herrschaft des dritten Standes alle gesetzliche Bevorrechtung in der Gesellschaft aufgehört und als sei jede *rechtliche, privilegierte* Unterscheidung in die eine Freiheit des Menschen untergegangen.

Zwar schreibt schon damals, ganz im Anfang der Bewegung, im April 1789 bei Gelegenheit der Wahlen zu den Reichsständen, die vom König mit der Bestimmung zusammengerufen waren, daß der dritte Stand diesmal allein ebenso viele Vertreter schicken solle wie Adel und Geistlichkeit zusammengenommen, zwar schreibt schon damals ein durchaus nicht revolutionäres Blatt* wie folgt: »Qui peut nous dire, si le despotisme de la bourgeoisie ne succédera pas à la prétendue aristocratie des nobles?« Zu deutsch: »Wer kann uns sagen, ob der Despotismus der Bourgeoisie nicht folgen wird auf die angebliche Aristokratie der Adligen?«

Aber solche Rufe wurden in der allgemeinen Begeisterung damals noch völlig überhört.

Nichtsdestoweniger müssen wir zu jener Frage zurückkehren; wir müssen die Frage bestimmt aufwerfen: War die Sache des dritten Standes wirklich die Sache der *ganzen*

---

* Der »Ami du roi«, siehe Buchez et Roux, »Hist. parlament«, T. I, p. 310.

Menschheit, oder trug dieser *dritte* Stand, die Bourgeoisie, innerlich noch einen *vierten* Stand in seinem Herzen, von welchem er sich wieder seinerseits rechtlich abscheiden und ihn seiner Herrschaft unterwerfen wollte?

Es ist hier an der Zeit, meine Herren, wenn ich nicht Gefahr laufen will, daß mein Vortrag vielleicht großen Mißverständnissen ausgesetzt sei, mich über die Bedeutung des Wortes *Bourgeoisie* oder große Bourgeoisie als *politischer Parteibezeichnung*, mich über die Bedeutung, die das Wort Bourgeoisie in *meinem* Munde hat, auszusprechen.

In die deutsche Sprache würde das Wort Bourgeoisie mit *Bürgertum* zu übersetzen sein. Diese Bedeutung aber hat es bei mir nicht; *Bürger* sind wir *alle*, der Arbeiter, der Kleinbürger, der Großbürger usw. Das Wort Bourgeoisie hat vielmehr im Laufe der Geschichte die Bedeutung angenommen, eine *ganz bestimmte politische Richtung* zu bezeichnen, die ich nun sofort darlegen will.

Die gesamte nicht-adlige bürgerliche Klasse zerfiel, als die Französische Revolution eintrat, und zerfällt noch heute im großen und ganzen wieder in *zwei* Unterklassen; nämlich erstens die Klasse derer, welche ganz oder *hauptsächlich* aus ihrer *Arbeit* ihr Einkommen beziehen und hierin durch gar kein oder nur durch ein bescheidenes Kapital unterstützt werden, welches ihnen eben die Möglichkeit gibt, eine produktive, sie und ihre Familie ernährende Tätigkeit auszuüben; in diese Klasse gehören also die Arbeiter, die Kleinbürger und Handwerker und im ganzen die Bauern. Und zweitens die Klasse derer, welche über einen großen bürgerlichen Besitz, über das *große Kapital*, verfügen und auf Grund einer solchen großen Kapitalbasis produzieren oder Renteneinkommen daraus beziehen. Man könnte diese die *Großbürger* nennen. Aber auch ein *Großbürger*, meine Herren, ist darum an und für sich noch durchaus kein Bourgeois!

Kein Bürgerlicher hat etwas dagegen, wenn ein Adliger sich in seinem Zimmer über seine Ahnen und seinen Grundbesitz freut. Aber wenn der Adlige diese Ahnen oder diesen

Grundbesitz zur Bedingung einer besonderen Geltung und Berechtigung im Staat, zur Bedingung einer Herrschaft über den Staatswillen machen will – dann beginnt der Zorn des Bürgerlichen gegen den Adligen, und er nennt ihn einen *Feudalen.*

Es verhält sich nur ganz entsprechend mit den tatsächlichen Unterschieden des Besitzes innerhalb der bürgerlichen Welt.

Daß sich der Großbürger in seinem Zimmer der großen Annehmlichkeit und des großen Vorteils erfreue, welche ein großer bürgerlicher Besitz für den Besitzenden in sich schließt – nichts einfacher, nichts natürlicher und nichts rechtmäßiger als das!

Sosehr der Arbeiter und der Kleinbürger, mit einem Worte die ganze nicht Kapital besitzende Klasse, berechtigt ist, vom Staate zu verlangen, daß er sein ganzes Sinnen und Trachten darauf richte, wie die kummervolle und notbeladene materielle Lage der arbeitenden Klassen zu verbessern und wie auch ihnen, durch deren Hände alle die Reichtümer produziert werden, mit denen unsere Zivilisation prunkt, deren Händen alle die Produkte ihre Entstehung verdanken, ohne welche die gesamte Gesellschaft keinen Tag existieren könnte, zu einem reichlicheren und gesicherten Erwerbe und damit wieder zu der Möglichkeit *geistiger* Bildung und somit zu einem wahrhaft menschenwürdigen Dasein zu verhelfen sei – wie sehr, sage ich, die arbeitenden Klassen auch berechtigt sind, dies vom Staate zu fordern und dies als seinen wahrhaften *Zweck* hinzustellen, so darf und wird dennoch der Arbeiter niemals vergessen, daß alles einmal erworbene gesetzliche Eigentum vollständig unantastbar und rechtmäßig ist.

Wenn aber der Großbürger, nicht zufrieden mit der *tatsächlichen* Annehmlichkeit eines großen Besitzes, den *bürgerlichen Besitz*, das *Kapital*, auch noch als *die Bedingung* hinstellen will, an der Herrschaft über den Staat, an der Bestimmung des Staatswillens und Staatszweckes teilzunehmen, *dann* erst wird der Großbürger zum Bourgeois, *dann* macht er die Tatsache des Besitzes zur *rechtlichen* Bedingung der politischen Herrschaft, *dann* charakterisiert er sich als einen *neuen privilegierten* Stand im Volke, der nun das herrschende Gepräge *seines* Privilegiums allen gesellschaftlichen Einrichtungen ebensogut aufdrücken will, wie dies der Adel im Mittelalter, wie wir gesehen haben, mit dem Privilegium des *Grundbesitzes* getan.

Die Frage, die wir also in bezug auf die Französische Revolution und die von ihr eingeleitete Geschichtsperiode zu erheben haben, ist somit die: Hat sich der dritte Stand, der durch die Französische Revolution zur Herrschaft kam, in diesem Sinne als Bourgeoisie aufgefaßt und das Volk seiner privilegierten politischen Herrschaft unterwerfen wollen und unterworfen?

Die Antwort hierauf haben die großen Tatsachen der Geschichte zu erteilen, und diese Antwort ist eine *entschieden bejahende*.

Wir können nur einen rapiden Blick auf die allerwichtigsten dieser Tatsachen werfen, die aber zur Entscheidung der Frage hinreichen.

Schon in der ersten Verfassung, welche die Folge der Französischen Revolution war, in der Verfassung vom 3. September 1791, wird (Kap. I, Sekt. I und II) der Unterschied zwischen citoyen activ und citoyen passiv, zwischen aktiven Bürgern und passiven Bürgern, aufgestellt. Nur die aktiven Bürger erhalten das Wahlrecht, und ein aktiver Bürger ist, dieser Verfassung zufolge, nur derjenige, der eine *direkte Steuer* von einer gewissen näher bestimmten Höhe zahlt.

Dieser Steuerbetrag war damals seinem Umfange nach noch mäßig bestimmt; er sollte nur den Wert dreier Arbeitstage, also wenn wir den Arbeitstag z. B. auf 10 Sgr. schätzen, den Wert von 1 Taler betragen. Aber noch wichtiger war, daß alle diejenigen für *nicht aktive* Bürger erklärt wurden, welche serviteurs à gages waren, *um Lohn* dienten, durch welche Bestimmung der Arbeiterstand ausdrücklich vom Wahlrecht ausgeschlossen wurde. Endlich kommt es bei solchen Fragen nicht einmal auf den *Umfang* an, sondern auf das *Prinzip*.

Es war ein *Zensus* eingeführt; d. h. ein bestimmter *bürgerlicher Besitz* als die Bedingung hingestellt, durch das Wahlrecht – dieses erste und wichtigste aller politischen Rechte – an der Bestimmung des Staatswillens und Staatszweckes teilnehmen zu können.

Alle diejenigen, welche überhaupt keine direkte Steuer oder keine von diesem Betrage zahlten oder *Lohnarbeiter* waren, waren von der Herrschaft über den Staat ausgeschlossen und zu einer beherrschten, unterworfenen Masse gemacht. Der *bürgerliche Besitz* oder der *Kapitalbesitz* war die Bedingung zur Herrschaft über den Staat geworden, wie im Mittelalter der *adlige* Besitz oder der *Grundbesitz*.

Das Prinzip des Zensus bleibt – mit Ausnahme einer sehr kurzen Periode, der französischen Republik von 1793, die an ihrer eigenen Unklarheit und an der ganzen Lage der damaligen Verhältnisse zugrunde ging und auf die ich hier nicht näher eingehen kann – das leitende Prinzip aller Verfassungen, die aus der Französischen Revolution hervorgingen.

Ja, mit jener Konsequenz, die allen Prinzipien eigen ist, mußte sich dasselbe gar bald auch zu einem ganz anderen quantitativen Umfang entwickeln.

In der Verfassung von 1814 wurde von der oktroyierten Charte, die Louis XVIII. erließ, ein direkter Steuerbetrag von 300 Francs, also von 80 Talern, an Stelle jenes früheren vom Werte dreier Arbeitstage als Bedingung des Wahlrechts festgestellt. Die Julirevolution von 1830 bricht aus, und nichtsdestoweniger wird durch das Gesetz vom 19. April 1831 ein direkter Steuerbetrag von 200 Francs, also von zirka 53 Talern, als Bedingung des Wahlrechts gefordert.

Was unter Louis Philipp und Guizot das *pays légal*, das gesetzliche Land, nämlich das »gesetzlich in Betracht kommende Land« genannt wurde, bestand aus 200 000 Männern. Es gab nicht mehr als 200 000 mit jenem bürgerlichen Besitz ausgerüstete Wähler in Frankreich, welche die Herrschaft führten über ein Land von über 30 Millionen Einwohnern.

Es muß hier beiläufig bemerkt werden, daß es selbstredend

ganz gleichgültig ist, ob das Prinzip des Zensus, die Ausschließung der Nichtbesitzenden vom Wahlrecht, auftritt, wie in den angeführten Verfassungen, in *direkter* und *offener* oder in einer irgendwie verkappten Form. Die Wirkung ist immer dieselbe.

So konnte die zweite französische Republik im Jahre 1850 das einmal erklärte allgemeine und direkte Wahlrecht, das wir im Verlauf noch betrachten werden, unmöglich offen widerrufen. Aber sie half sich damit, daß sie durch das Gesetz vom 31. Mai 1850 nur solche Bürger zum Wahlrecht in einem Orte zuließ, welche an demselben Ort schon seit mindestens drei Jahren ununterbrochen domiziliert waren. Weil nämlich die Arbeiter in Frankreich durch ihre Lage häufig gezwungen sind, den Ort zu wechseln und in einer anderen Gemeinde Arbeit und Beschäftigung zu suchen, hoffte man, und mit gutem Grunde, überaus große Massen von Arbeitern, die den Nachweis eines dreijährigen ununterbrochenen Domizils an demselben Ort nicht führen konnten, von dem Wahlrechte auszuschließen.

Hier haben Sie also einen Zensus in verkappter Form.

Noch viel schlimmer ist es bei uns seit dem oktroyierten Dreiklassen-Wahlgesetz, wo also, je nach den Verhältnissen der Lokalität, 3, 10, 30 und mehr nichtbesitzende Wähler der dritten Klasse nur dasselbe Wahlrecht ausüben wie ein einziger großer Kapitalbesitzer, ein Großbürger, welcher der ersten Wählerklasse angehört, so daß also in Wahrheit, wäre das Verhältnis z. B. im Durchschnitt wie 1 : 10, immer je neun Männer von zehn solchen, welche im Jahre 1848 Wahlrecht besaßen, es durch das oktroyierte Dreiklassen-Wahlgesetz des Jahres 1849 verloren haben und es nur noch zum Schein ausüben.

Um Ihnen aber zu zeigen, wie sich dies nun wirklich im Durchschnitt verhält, brauche ich Ihnen bloß einige auf offiziellen amtlichen Listen beruhende Zahlen mitzuteilen.

Im Jahre 1848 hatten wir infolge des damals eingeführten allgemeinen Wahlrechts 3 661 993 Urwähler.

Durch das oktroyierte Dreiklassen-Wahlgesetz vom 30. Mai

1849 wurde nun zuvörderst dadurch, daß man denjenigen, welche keinen festen Wohnsitz hatten oder Armenunterstützung empfingen, das Wahlrecht entzog, die Zahl der Wähler auf 3 255 703 herabgesetzt. 406 000 Männern wurde also schon hierdurch das Wahlrecht entzogen. Dies war jedoch noch das wenigste.

Die übrigbleibenden 3 255 000 Urwähler zerfielen nun nach dem oktroyierten Wahlgesetz in drei Klassen, und zwar gehörten laut den amtlichen Listen, die nach Erlaß des oktroyierten Wahlgesetzes im Jahre 1849 aufgenommen wurden:

1. zur ersten Wählerklasse . . . . 153 808 Mann
2. zur zweiten Wählerklasse . . . . 409 945 Mann
3. zur dritten Wählerklasse . . . . . 2 691 950 Mann

Lassen wir nun selbst die zweite Wählerklasse ganz aus dem Spiel und vergleichen nur die erste und die dritte Wählerklasse, die Großbürger und die Nichtbesitzenden, miteinander, so üben also 153 800 Reiche dasselbe Wahlrecht aus wie 2 691 950, die zur Arbeiter-, Kleinbürger- und Bauernklasse gehören, d. h. *ein* Reicher übt dasselbe Wahlrecht aus, das *siebzehn* Nichtbesitzende ausüben. Und gehen wir nun von der tatsächlichen Grundlage aus, daß im Jahre 1848 durch das Gesetz vom 8. April 1848 bereits das allgemeine Wahlrecht gesetzlich bestand, daß damals also 153 800 Arbeiter oder Kleinbürger beim Wählen 153 800 Reiche aufwogen, also ein Nichtbesitzender *einen* Reichen aufwog, so zeigt sich, daß jetzt, wo *erst siebzehn* Ärmere das Wahlrecht eines Reichen aufwiegen, immer 16 Arbeitern und Kleinbürgern unter 17 ihr gesetzliches Wahlrecht entrissen worden ist.

Aber auch dies, meine Herren, ist nur das *Durchschnitts*-verhältnis. In der Wirklichkeit gestaltet sich die Sache, wegen der verschiedenen Verhältnisse der Lokalitäten, noch ganz anders, noch viel ungünstiger, am ungünstigsten überall da, wo die Ungleichheiten des Besitzes am entwickeltsten sind. So hat der Regierungsbezirk Düsseldorf 6356 Wähler erster Klasse und 166 300 Wähler dritter Klasse; es üben also dort erst 26 Wähler dritter Klasse dasselbe Wahlrecht aus wie ein Reicher.

Kehren wir von dieser Ausführung zu unserem Hauptfaden zurück, so haben wir also gezeigt und haben weiter zu zeigen, wie, seitdem durch die Französische Revolution die Bourgeoisie zur Herrschaft gelangte, jetzt *ihr* Element, der bürgerliche Besitz, zum herrschenden Prinzip aller gesellschaftlichen Einrichtungen gemacht wird; wie die Bourgeoisie, ganz so verfahrend wie der Adel im Mittelalter mit dem *Grundbesitz,* jetzt das herrschende und ausschließende Gepräge *ihres* besonderen Prinzips, des bürgerlichen oder Kapitalbesitzes, das Gepräge *ihres* Privilegiums allen Einrichtungen der Gesellschaft aufdrückt. Die Parallele zwischen Adel und Bourgeoisie ist darin eine vollständige.

In bezug auf den wichtigsten Fundamentalpunkt, auf die Reichsverfassung, haben wir dies bereits betrachtet. Wie im Mittelalter der Grundbesitz das herrschende Prinzip der Vertretung auf den deutschen Reichstagen war, so ist jetzt im direkten oder verkappten Zensus der Steuerbetrag und somit, da dieser durch das Kapitalvermögen eines Mannes bedingt wird, in letzter Instanz der *Kapitalbesitz* dasjenige, was das Wahlrecht zu den Kammern und somit den Anteil an der Herrschaft über den Staat bestimmt.

Ebenso in bezug auf alle anderen Erscheinungen, bei denen ich Ihnen im Mittelalter den *Grundbesitz* als das herrschende Prinzip nachgewiesen habe.

Ich hatte Sie damals auf die *Steuerfreiheit* des adligen Grundbesitzes im Mittelalter aufmerksam gemacht und hatte Ihnen gesagt, daß jeder herrschende *privilegierte* Stand die Lasten zur Aufrechterhaltung des öffentlichen Wohles auf die unterdrückten, nicht besitzenden Klassen abzuwälzen sucht.

Ganz ebenso die Bourgeoisie. Zwar kann sie freilich nicht offen erklären, daß sie steuerfrei sein will. Ihr ausgesprochenes Prinzip ist vielmehr in der Regel, daß jeder im Verhältnis zu seinem Einkommen steuern solle. Aber sie erreicht wiederum, mindestens so gut es geht, dasselbe Resultat in *verkappter* Form durch die Unterscheidung von direkten und indirekten Steuern.

Direkte Steuern, meine Herren, sind solche, welche, wie die klassifizierte Einkommensteuer oder die Klassensteuer, vom Einkommen erhoben werden und sich daher nach der Größe des Einkommens und Kapitalbesitzes bestimmen. Indirekte Steuern aber sind solche, die auf irgendwelche Bedürfnisse, z. B. auf Salz, Getreide, Bier, Fleisch, Heizungsmaterial oder z. B. auf Bedürfnis nach Rechtsschutz, Justizkosten, Stempelbogen usw., gelegt werden und die sehr häufig der einzelne in dem Preise der Dinge bezahlt, ohne zu wissen und zu merken, daß er jetzt steuert, daß es die *Steuer* ist, welche ihm den Preis der Dinge verteuert.

Nun wird Ihnen bekannt sein, meine Herren, daß jemand, der 20-, 50-, 100mal so reich ist als ein anderer, deshalb durchaus nicht 20-, 50-, 100mal soviel Salz, Brot, Fleisch, 50- oder 100mal soviel Bier oder Wein trinkt, 50- oder 100mal soviel Bedürfnis nach Ofenwärme und also nach Heizungsmaterial hat wie ein Arbeiter oder Kleinbürger.

Hierdurch kommt es, daß der Betrag aller *indirekten* Steuern, statt die Individuen nach Verhältnis ihres Kapitals und Einkommens zu treffen, seinem bei weitem größten Teile nach von den Unbemittelten, von den ärmeren Klassen der Nation gezahlt wird. Nun hat zwar die Bourgeoisie die indirekten Steuern nicht eigentlich erfunden; sie existierten schon früher. Aber die Bourgeoisie hat sie erst zu einem unerhörten *System* entwickelt und ihnen beinahe den gesamten Betrag der Staatsbedürfnisse aufgebürdet.

Ich werfe, um Ihnen dies zu zeigen, z. B. einen Blick auf den preußischen Staatshaushalt des Jahres 1855.

Die Gesamteinnahmen des Staates in diesem Jahre betrugen in runder Summe 108 930 000 Taler. Davon gehen ab, aus den Domänen und Forsten fließend, also ein Staatseinkommen aus Besitzungen, das hier nicht in Betracht kommen kann, 11 967 000 Taler.

Es bleiben also zirka 97 Millionen anderweitiger Staatseinnahmen übrig. Von diesen Einnahmen würden der Eintei-

lung des Budgets zufolge zirka 26 Millionen aus *direkten*
Steuern erhoben. Dies ist aber auch nicht wahr und scheint
bloß so, weil unser Budget dabei nirgends nach wissenschaftlichen Grundsätzen verfährt, sondern sich nur danach rich-
tet, in welcher Weise äußerlich die Steuern eingetrieben werden. Von diesen 26 Millionen gehen vielmehr ab 10 Millionen Grundsteuer, die zwar von dem Grundbesitzer direkt
erhoben, von ihm aber wieder auf den Getreidepreis abge-
wälzt und somit definitiv von den Getreidekonsumenten bezahlt werden, daher eine indirekte Steuer bilden. Es gehen
aus denselben Gründen ab 2 900 000 Taler Gewerbesteuer.
An Einnahmen aus *wirklich* direkten Steuern bleiben nur
übrig:

> 2 928 000 Taler aus der klassifizierten Einkommen-
> 7 884 000 Taler aus der Klassensteuer und　　[steuer,
> 2 036 000 Taler aus dem Zuschlag,

zus. 12 848 000 Taler.

Also 12 800 000 Taler, meine Herren, fließen in Wahrheit
aus direkten Steuern auf 97 Millionen Staatseinnahmen. Was
über diese 12 800 000 Taler hinausgeht, das wird – man muß
hier wieder nicht der unwissenschaftlichen Rubrizierung des
Budgets folgen, welches z. B. den Ertrag des Salzmonopols
von 8 300 000 Taler oder die Einnahmen aus dem Justiz-
dienst von 8 849 000 Taler nicht zu den indirekten Steuern
rechnet –, was über diese 12 800 000 Taler hinausgeht, das
wird, sage ich, mit Ausnahme weniger und sehr unbedeuten-
der Posten, mit denen es eine besondere Bewandtnis hat,
samt und sonders aus Einnahmequellen aufgebracht, welche
die Natur von *indirekten Steuern* haben, das wird also durch
indirekte Steuern aufgebracht.
Die indirekte Steuer, meine Herren, ist somit das Institut,
durch welches die Bourgeoisie das *Privilegium der Steuerfreiheit für das große Kapital verwirklicht* und die Kosten
des Staatswesens den ärmeren Klassen der Gesellschaft auf-
bürdet.
Bemerken Sie zugleich, meine Herren, den eigentümlichen

Widerspruch und die eigentümliche Gerechtigkeit des Verfahrens, die gesamten Staatshaushaltsbedürfnisse den *indirekten Steuern* und somit dem *armen Volke* aufzubürden, zum Maßstabe aber und zur Bedingung des Wahlrechts und somit des politischen Herrschaftsrechts die *direkten Steuern* zu machen, welche zu dem Gesamtbedürfnis des Staates von 108 Millionen nur den verschwindend kleinen Beitrag von 12 Millionen liefern!

Ich sagte Ihnen ferner, meine Herren, von dem Adel des Mittelalters, daß alle bürgerliche Tätigkeit und Industrie in sozialer Mißachtung bei ihm stand.

Ganz analog heute. Zwar *jede* Art von Arbeit ist heute gleich geachtet, und wenn einer beim Lumpensammeln oder Abtrittfegen zum Millionär würde, so würde er gewiß sein können, eine große Achtung in der Gesellschaft zu finden.

Aber mit welcher sozialen Mißachtung denen begegnet wird, welche, gleichviel worin und wie sehr sie arbeiten, keinen bürgerlichen Besitz hinter sich haben – nun, das ist eine Tatsache, die Sie nicht aus meinem Vortrage zu erfahren brauchen, sondern der Sie leider oft genug im täglichen Leben begegnen können.

Ja, in gar mancher Hinsicht führt die Bourgeoisie die Herrschaft ihres besonderen Privilegiums und Elementes mit noch strengerer Konsequenz durch, als dies der Adel im Mittelalter mit dem Grundbesitz getan hatte.

Der Volksunterricht – ich spreche hier von dem Unterricht der Erwachsenen – war im Mittelalter der Geistlichkeit überlassen. Seitdem haben die *Zeitungen* dies Amt übernommen. Durch die *Kautionen* aber, welche die Zeitungen stellen müssen, und noch *viel mehr* durch die *Stempelsteuer*, welche bei uns wie in Frankreich und anderwärts auf die Zeitungen gelegt wird, wird eine täglich erscheinende Zeitung zu einem sehr kostspieligen, nur bei sehr erheblichen Kapitalmitteln in das Leben zu rufenden Institut, so daß dadurch jetzt selbst die Fähigkeit, auf die Volksmeinung wirken, sie aufklären und leiten zu können, ein Privilegium des großen Kapitalbesitzes geworden ist.

Wäre *dies* nicht, meine Herren, so würden Sie *ganz* andere und *viel* bessere Zeitungen besitzen!

Es ist von Interesse, zu sehen, meine Herren, wie früh dies Bestreben der großen Bourgeoisie, aus der Presse ein Privilegium des Kapitals zu machen, bereits auftritt, und in welcher naiven, unverhüllten Form. Am 24. Juli 1789, wenige Tage nach dem Bastillensturm, also schon in den ersten Tagen, in welchen die Bourgeoisie die politische Herrschaft eroberte, erließen die städtischen Repräsentanten der Gemeinde von Paris einen Beschluß, durch welchen sie die Drucker für verantwortlich erklären, wenn sie Broschüren oder Flugblätter veröffentlichen von Schriftstellern »sans existence connue«, »ohne notorisch bekannte Existenzmittel«*. Die soeben erst eroberte Preßfreiheit sollte also nur für Schriftsteller von »notorisch bekannten Existenzmitteln« da sein. Das *Eigentum* erscheint hier als Bedingung für die Preßfreiheit, ja eigentlich sogar für die Moralität eines Schriftstellers! Diese Naivität der ersten Tage der Bourgeoisherrschaft spricht nur in kindlich offener Weise aus, was heut in künstlicher Form durch Kautionen und Stempelsteuer erreicht wird.

Mit diesen großen charakteristischen Tatsachen, entsprechend unserer Betrachtung des Mittelalters, meine Herren, wollen wir uns auch hier begnügen.

Was wir bisher gesehen haben, meine Herren, sind zwei Weltperioden, die jede unter der herrschenden Idee eines bestimmten Standes der Gesellschaft stehen, welcher *sein* Prinzip allen Einrichtungen dieser Zeit aufdrückt.

Zuerst die Idee des Adels oder der *Grundbesitz*, welche das herrschende Prinzip des Mittelalters bildet und alle seine Institutionen durchdringt.

Diese Periode lief ab mit der Französischen Revolution, wenn Sie auch begreifen werden, daß besonders in Deutschland, wo jene Umwälzung nicht durch das Volk, sondern auf dem Wege sehr langsamer und unvollkommener Refor-

---

* Siehe den »Arrêté« bei Buchez et Roux, »Hist. parl.«, T. II, p. 192.

men durch seine Regierungen eingeführt wurde, noch sehr zahlreiche und bedeutende Ausläufer jener ersten Geschichtsperiode existieren, zum großen Teil heute noch die Bourgeoisie auf Schritt und Tritt hemmend.

Wir sahen zweitens die mit der Französischen Revolution am Ende des vorigen Jahrhunderts beginnende Geschichtsperiode, welche den *großen bürgerlichen Besitz* oder das Kapital zu ihrem Prinzip hat und diesen als das Privilegium gestaltet, welches alle gesellschaftlichen Einrichtungen durchdringt und die Teilnahme an der Bestimmung des Staatswillens und Staatszweckes bedingt.

Auch diese Periode, meine Herren, so wenig dies äußerlich den Anschein hat, ist innerlich bereits abgelaufen.

Am 24. Februar 1848 brach die erste Morgenröte einer neuen Geschichtsperiode an.

An diesem Tage brach nämlich in Frankreich, in diesem Lande, in dessen gewaltigen inneren Kämpfen die Siege wie die Niederlagen der Freiheit Siege und Niederlagen für die gesamte Menschheit bedeuten, eine Revolution aus, die einen Arbeiter in die provisorische Regierung berief, als den Zweck des Staates die Verbesserung des Loses der arbeitenden Klassen aussprach und das allgemeine und direkte Wahlrecht proklamierte, durch welches jeder Bürger, der sein 21. Jahr erreicht hatte, ohne alle Rücksicht auf seine Besitzverhältnisse einen gleichmäßigen Anteil an der Herrschaft über den Staat, an der Bestimmung des Staatswillens und Staatszweckes empfing.

Sie sehen, meine Herren, wenn die Revolution von 1789 die Revolution des Tiers-état, des *dritten* Standes war, so ist es diesmal der *vierte* Stand, der 1789 noch in den Falten des dritten Standes verborgen war und mit ihm zusammenzufallen schien, welcher jetzt sein Prinzip zum herrschenden Prinzip der Gesellschaft erheben und alle ihre Einrichtungen mit demselben durchdringen will.

Aber hier bei der Herrschaft des vierten Standes findet sofort der immense Unterschied statt, daß der vierte Stand der letzte und äußerste, der enterbte Stand der Gesellschaft ist, welcher *keine* ausschließende Bedingung, weder rechtlicher noch tatsächlicher Art, weder Adel noch Grundbesitz, noch Kapitalbesitz, mehr aufstellt und aufstellen kann, die er als ein neues *Privilegium* gestalten und durch die Einrichtungen der Gesellschaft hindurchführen könnte.

Arbeiter sind wir *alle*, insofern wir nur eben den *Willen* haben, uns in irgendeiner Weise der menschlichen Gesellschaft nützlich zu machen!

Dieser vierte *Stand*, in dessen Herzfalten daher *kein* Keim einer neuen Bevorrechtung mehr enthalten ist, ist eben deshalb gleichbedeutend mit dem *ganzen Menschengeschlecht*. *Seine* Sache ist daher in Wahrheit die Sache der *gesamten Menschheit*, *seine* Freiheit ist die Freiheit der *Menschheit selbst*, *seine* Herrschaft ist die Herrschaft *aller*.

Wer also die Idee des Arbeiterstandes als das herrschende Prinzip der Gesellschaft anruft, in dem Sinne, wie ich Ihnen dies entwickelt, der stößt nicht einen die Klassen der Gesellschaft spaltenden und trennenden Schrei aus; der stößt vielmehr einen Schrei der *Versöhnung* aus, einen Schrei, der die ganze Gesellschaft umfaßt, einen Schrei der Ausgleichung für alle Gegensätze in den gesellschaftlichen Kreisen, einen Schrei der *Einigung*, in den alle einstimmen sollten, welche Bevorrechtung und Unterdrückung des Volkes durch privilegierte Stände nicht wollen, einen Schrei der *Liebe*, der, seitdem er sich zum ersten Male aus dem Herzen des Volkes emporgerungen, *für immer der wahre Schrei des Volkes bleiben* und um seines Inhalts willen selbst dann noch ein *Schrei der Liebe* sein wird, wenn er als Schlachtruf des Volkes ertönt.

Das Prinzip des Arbeiterstandes als das herrschende Prinzip der Gesellschaft soll jetzt von uns nur noch in dreierlei Beziehung betrachtet werden:

1. in bezug auf das formelle Mittel seiner Verwirklichung,
2. in bezug auf seinen sittlichen Inhalt und
3. in bezug auf die politische Auffassung des Staatszweckes, die ihm innewohnt.

Auf andere Seiten desselben können wir heut nicht mehr

eingehen, und auch die angegebenen Beziehungen können bei der so vorgeschrittenen Zeit nur noch ganz flüchtig beleuchtet werden.

Das formelle Mittel der Durchführung dieses Prinzips ist das bereits betrachtete allgemeine und direkte Wahlrecht. Ich sage, das allgemeine und *direkte* Wahlrecht, meine Herren, nicht das bloß allgemeine Wahlrecht, wie wir es im Jahre 1848 gehabt haben. Die Einführungen von zwei Abstufungen bei dem Wahlakt, von Urwählern und Wahlmännern, ist nichts als ein künstliches Mittel, absichtlich zu dem Zweck eingeführt, den Volkswillen beim Wahlakt möglichst zu verfälschen.

Zwar wird auch das allgemeine und direkte Wahlrecht keine Wünschelrute sein, meine Herren, die Sie vor momentanen Mißgriffen schützen kann.

Wir haben in Frankreich in den Jahren 1848 und 1849 zwei schlechte Wahlen hintereinander gesehen. Aber das allgemeine und direkte Wahlrecht ist das einzige Mittel, welches auf die Dauer von selbst wieder die Mißgriffe ausgleicht, zu denen sein momentan irriger Gebrauch führen kann. Es ist jene Lanze, welche selbst die Wunden wieder heilt, die sie schlägt. Es ist auf die Länge der Zeit bei dem allgemeinen und direkten Wahlrecht nicht anders möglich, als daß der gewählte Körper das genaue, treue Ebenbild sei des Volkes, das ihn gewählt hat.

Das Volk wird daher jederzeit das allgemeine und direkte Wahlrecht als sein unerläßliches politisches Kampfmittel, als die allerfundamentalste und wichtigste seiner Forderungen betrachten müssen.

Ich werfe jetzt einen Blick auf den *sittlichen* Inhalt jenes Gesellschaftsprinzips, das wir betrachten.

Vielleicht kann der Gedanke, das Prinzip der *untersten Klassen* der Gesellschaft zu dem herrschenden Prinzip des Staates und der Gesellschaft zu machen, als ein sehr gefährlicher und unsittlicher erscheinen, als ein solcher, der Sittigung und Bildung dem Untergange in ein »modernes Barbarentum« auszusetzen droht.

Und es wäre gar kein Wunder, wenn dieser Gedanke heute so erschiene, denn auch die öffentliche Meinung, meine Herren – ich habe Ihnen bereits angedeutet, durch welche Vermittlung, nämlich durch die Zeitungen –, empfängt heutzutage ihr Gepräge von dem Prägstock des *Kapitals* und aus den Händen der privilegierten, großen Bourgeoisie.

Dennoch ist diese Furcht nur ein Vorurteil, und es läßt sich im Gegenteil nachweisen, daß dieser Gedanke den höchsten Fortschritt und Triumph der Sittlichkeit darstellen würde, welchen die Weltgeschichte bis heute kennt.

Jene Ansicht ist ein Vorurteil, sage ich, und sie ist eben nur das Vorurteil der *heutigen*, noch vom Privilegium beherrschten Zeit.

In einer andern Zeit, nämlich in jener ersten französischen Republik des Jahres 1793, von der ich Ihnen bereits gesagt habe, daß ich sie heut nicht näher betrachten kann, daß sie aber an ihrer eigenen Unklarheit notwendig zugrunde gehen mußte, herrschte sogar bereits das *entgegengesetzte* Vorurteil. Damals galt es als ein Dogma, daß alle höheren Stände unsittlich und verderbt, nur das niedrige Volk gut und sittlich sei. Diese Ansicht war von Rousseau ausgegangen. In der neuen Erklärung der Menschenrechte, welche der französische Konvent, jene gewaltige konstituierende Versammlung Frankreichs, erließ, wird sie sogar durch einen besonderen Artikel festgestellt, durch den Artikel 19, welcher lautet: »Toute institution qui ne suppose le peuple bon et le magistrat corruptible est vicieuse.« »Jede Institution, welche nicht voraussetzt, daß das Volk *gut* und die Obrigkeit *bestechlich* sei, ist fehlerhaft.« Sie sehen, das ist gerade das Gegenteil von der Vertrauensseligkeit, welche man heutzutage fordert und nach welcher es kein größeres Vergehen gibt, als an dem guten Willen und der Tugendhaftigkeit der Behörde zu zweifeln, während das *Volk* grundsätzlich als eine Art von Tiger und als der Sitz der Verderbtheit betrachtet wird.

Damals steigerte sich das entgegengesetzte Dogma sogar so weit, daß fast jeder, der einen ganzen Rock hatte, eben dadurch verderbt und verdächtig erschien, und Tugend, Reinheit und patriotische Sittlichkeit nur solchen innezuwohnen schien, die keinen guten Rock besaßen. Es war die Periode des Sansculottismus.

Diese Anschauung, meine Herren, hat in der Tat zu ihrer Grundlage eine *Wahrheit*, die aber in *unwahrer* und *verkehrter* Form auftritt. Nun gibt es aber gar nichts Gefährlicheres als eine Wahrheit, die in unwahrer, verkehrter Form auftritt. Denn wie man sich zu ihr verhalte, wird man gleich schlecht fahren. Adoptiert man jene Wahrheit in ihrer unwahren, verkehrten Form, so wird dies zu gewissen Zeiten die schädlichsten Verwüstungen anrichten, wie dies im Sansculottismus der Fall war. Wirft man um der unwahren, verkehrten Form willen den ganzen Satz als unwahr fort, so fährt man noch schlechter. Denn man hat eine *Wahrheit* fortgeworfen, und zwar im vorliegenden Fall gerade eine solche, ohne deren Erkenntnis gar kein gesunder Schritt im heutigen Staatsleben möglich ist.

Es bleibt also kein anderes Verhalten übrig, als daß man die unwahre und verkehrte Form jenes Satzes zu besiegen und sich ihren wahrhaften Inhalt zur Klarheit zu bringen sucht.

Die öffentliche Meinung heutzutage wird, wie gesagt, geneigt sein, den ganzen Satz selbst als vollkommen unwahr und als eine Deklamation der Französischen Revolution und Rousseaus zu bezeichnen. Indes, wenn dies wegwerfende Verhalten Rousseau und der Französischen Revolution gegenüber auch noch möglich wäre, so wird es doch vollkommen unmöglich sein in bezug auf einen der größten deutschen Philosophen, dessen hundertjährigen Geburtstag diese Stadt im nächsten Monat feiern wird, nämlich dem Philosophen Fichte gegenüber, einem der gewaltigsten Denker aller Völker und Zeiten.

Auch Fichte erklärt ausdrücklich und wörtlich, daß mit dem steigenden Stande eine immer steigende Zunahme der sittlichen Verschlimmerung entstehe, daß – es sind dies alles seine eigenen Worte – »die Schlechtigkeit nach Verhältnis des höheren Standes zunehme«.

Den letzten Grund dieser Sätze hat indes auch Fichte nicht entwickelt. Er führt als den Grund dieser Verderbtheit die Selbstsucht, den Egoismus der höheren Stände an. Dabei muß aber sofort die Frage entstehen, ob denn nicht auch in den untersten Klassen Selbstsucht herrsche oder warum hier weniger. Ja, es muß zunächst als ein überraschender Widerspruch erscheinen, daß in den unteren Ständen eine geringere Selbstsucht herrschen soll als in den höheren, welche vor ihnen Bildung und Erziehung, diese anerkannt sittigenden Elemente, in einem erheblichen Grade voraus haben.

Der wahrhafte Grund und die Auflösung dieses zunächst so überraschend erscheinenden Widerspruches ist folgende:

Seit lange geht, wie wir gesehen haben, die Entwicklung der Völker, der Atemzug der Geschichte auf eine immer steigende Abschaffung der Privilegien, welche den höheren Ständen diese ihre Stellung *als* höhere und herrschende Stände garantieren. Der Wunsch nach Forterhaltung derselben oder das *persönliche Interesse* bringt daher jedes Mitglied der höheren Stände, das sich nicht ein für allemal durch einen großen Blick über sein ganzes persönliches Dasein erhoben und hinweggesetzt hat – und Sie werden begreifen, meine Herren, daß dies nur immer sehr wenig zahlreiche Ausnahmen sein können –, von vornherein in eine prinzipiell *feindliche* Stellung zu der Entwicklung des Volkes, zu dem Umsichgreifen der Bildung und Wissenschaft, zu den Fortschritten der Kultur, zu allen Atemzügen und Siegen des geschichtlichen Lebens.

Dieser Gegensatz des persönlichen Interesses der höheren Stände und der Kulturentwicklung der Nation ist es, welcher die hohe und notwendige Unsittlichkeit der höheren Stände hervorruft. Es ist ein Leben, dessen tägliche Bedingungen Sie sich nur zu vergegenwärtigen brauchen, um den tiefen inneren Verfall zu fühlen, zu dem es führen muß. Sich täglich *widersetzen* müssen allem Großen und Guten, sich *betrüben* müssen über sein Gelingen, über sein Mißlingen sich freuen, seine weiteren Fortschritte aufhalten, seine bereits geschehenen rückgängig machen oder verwünschen zu müssen. Es ist ein fortgesetztes Leben wie in *Feindes* Land – und dieser *Feind* ist die sittliche Gemeinschaft des *eigenen Volkes*, in der man lebt und *für* welche zu streben alle wahre Sittlichkeit ausmacht. Es ist ein fortgesetztes Leben, sage ich, wie in *Feindes* Land, dieser Feind ist das eigene Volk, und *daß* es als der Feind angesehen und behandelt wird, muß noch wenigstens auf die Dauer listig verheimlicht und diese Feindschaft mit mehr oder weniger künstlichen Vorhängen bekleidet werden.

Dazu die Notwendigkeit, dies alles *entweder gegen* die eigene Stimme des Gewissens und der Intelligenz zu tun *oder* aber diese Stimme schon gewohnheitsmäßig in sich ausgerottet zu haben, um nicht von ihr belästigt zu werden, oder endlich diese Stimme *nie* gekannt, *nie* etwas Besseres oder anderes gekannt zu haben als die Religion des eigenen Vorteils!

Dieses Leben, meine Herren, führt also notwendig zu einer gänzlichen Geringschätzung und Verachtung alles ideellen Strebens, zu einem mitleidigen Lächeln, sooft der große Name der Idee nur ausgesprochen wird, zu einer tiefen Unempfänglichkeit und Widerwilligkeit gegen alles Schöne und Große, zu einem vollständigen Untergang aller sittlichen Elemente in uns, in die eine Leidenschaft des selbstsüchtigen Vorteils und der Genußsucht.

Dieser *Gegensatz*, meine Herren, des persönlichen Interesses und der Kulturentwicklung der Nation ist es, der bei den unteren Klassen der Gesellschaft zu ihrem Glücke *fehlt*.

Zwar ist auch in den unteren Klassen leider immer noch Selbstsucht genug vorhanden, viel mehr als vorhanden sein sollte. Aber hier ist diese Selbstsucht, wo sie vorhanden ist, der Fehler der Individuen, der *einzelnen*, und nicht der notwendige Fehler der *Klasse*.

Schon ein sehr mäßiger Instinkt sagt den Gliedern der unteren Klassen, daß, sofern sich jeder von ihnen bloß auf sich bezieht und jeder bloß an sich denkt, er keine erhebliche Verbesserung seiner Lage für sich hoffen kann.

Insofern aber und insoweit die unteren Klassen der Gesellschaft die Verbesserung ihrer Lage *als Klasse*, die Verbesserung ihres *Klassenloses* erstreben, insofern und insoweit fällt dieses *persönliche* Interesse, statt sich der geschichtlichen Bewegung entgegenzustellen und dadurch zu jener Unsittlichkeit verdammt zu werden, seiner *Richtung* nach vielmehr durchaus zusammen mit der Entwicklung des gesamten *Volkes*, mit dem Siege der *Idee*, mit den Fortschritten der *Kultur*, mit dem Lebensprinzip der Geschichte selbst, welche nichts anderes als die Entwicklung der *Freiheit* ist. Oder, wie wir schon oben sahen, *Ihre* Sache ist die Sache der gesamten *Menschheit*.

Sie sind somit in der glücklichen Lage, meine Herren, daß Sie, statt abgestorben sein zu können für die Idee, vielmehr durch Ihr *persönliches Interesse selbst* zur höchsten Empfänglichkeit für dieselbe bestimmt sind. Sie sind in der glücklichen Lage, daß dasjenige, was Ihr wahres persönliches Interesse bildet, zusammenfällt mit dem zuckenden Pulsschlag der Geschichte, mit dem treibenden Lebensprinzip der sittlichen Entwicklung. Sie können daher sich der geschichtlichen Entwicklung mit *persönlicher Leidenschaft* hingeben und gewiß sein, daß Sie um so sittlicher dastehen, je glühender und verzehrender diese *Leidenschaft* in ihrem hier entwickelten reinen Sinne ist.

Dies sind die Gründe, meine Herren, weshalb die Herrschaft des vierten Standes über den Staat eine Blüte der Sittlichkeit, der Kultur und Wissenschaft herbeiführen muß, wie sie in der Geschichte noch nicht dagewesen.

Hierzu führt aber auch noch ein anderer Grund, der selbst wieder auf das innigste mit allen von uns angestellten Betrachtungen zusammenhängt und ihren Schlußstein bildet.

Der vierte Stand hat nicht nur ein anderes formelles, politisches Prinzip als die Bourgeoisie, nämlich das allgemeine direkte Wahlrecht an Stelle des Zensus der Bourgeoisie, er hat ferner nicht nur durch seine Lebensstellung ein anderes Verhältnis zu den sittlichen Potenzen als die höheren Stände, sondern er hat auch – zum Teil infolge hiervon – eine ganz andere, ganz verschiedene Auffassung von dem sittlichen *Zweck des Staates* als die Bourgeoisie.

Die sittliche Idee der Bourgeoisie ist diese, daß ausschließend nichts anderes als die ungehinderte Selbstbetätigung seiner Kräfte jedem einzelnen zu garantieren sei.

Wären wir alle gleich stark, gleich gescheit, gleich gebildet und gleich reich, so würde diese Idee als eine ausreichende und sittliche angesehen werden können.

Da wir dies aber *nicht sind* und nicht sein *können*, so ist dieser Gedanke nicht ausreichend und führt deshalb in seinen Konsequenzen notwendig zu einer tiefen Unsittlichkeit. Denn er führt dazu, daß der Stärkere, Gescheitere, Reichere den Schwächeren ausbeutet und in seine Tasche steckt.

Die sittliche Idee des Arbeiterstandes dagegen ist die, daß die ungehinderte und freie Betätigung der individuellen Kräfte durch das Individuum noch nicht *ausreiche*, sondern daß zu ihr in einem sittlich geordneten Gemeinwesen *noch hinzutreten müsse*: die *Solidarität* der Interessen, die *Gemeinsamkeit und die Gegenseitigkeit der Entwicklung.*

Entsprechend diesem Unterschiede faßt die Bourgeoisie den sittlichen Staatszweck so auf: er bestehe ausschließend und allein darin, die persönliche Freiheit des einzelnen und sein Eigentum zu schützen.

Dies ist eine Nachtwächteridee, meine Herren, eine Nachtwächteridee deshalb, weil sie sich den Staat selbst nur unter dem Bilde eines Nachtwächters denken kann, dessen ganze Funktion darin besteht, Raub und Einbruch zu verhüten. Leider ist diese Nachtwächteridee nicht nur bei den eigentlichen Liberalen zu Hause, sondern selbst bei vielen angeblichen Demokraten, infolge mangelnder Gedankenbildung, oft genug anzutreffen. Wollte die Bourgeoisie konsequent ihr letztes Wort aussprechen, so müßte sie gestehen, daß nach diesen ihren Gedanken, wenn es keine Räuber und Diebe gebe, der Staat überhaupt ganz überflüssig sei.*

---

* Diese Staatsidee, welche den Staat eigentlich ganz aufhebt und ihn in die bloße bürgerliche Gesellschaft der egoistischen Interessen umwandelt, ist die Staatsidee des *Liberalismus* und von ihm historisch produziert worden. Sie bildet bei der Macht, die sie notwendig erlangt hat und die im direkten Verhältnis mit ihrer Oberflächlichkeit steht, die wahrhafte

Ganz anders, meine Herren, faßt der vierte Stand den Staatszweck auf, und zwar faßt er ihn so auf, wie er in Wahrheit beschaffen ist.

Die Geschichte, meine Herren, ist ein Kampf mit der Natur; mit dem Elende, der Unwissenheit, der Armut, der Machtlosigkeit und somit der Unfreiheit aller Art, in der wir uns befanden, als das Menschengeschlecht im Anfang der Geschichte auftrat. Die fortschreitende *Besiegung* dieser Machtlosigkeit – das ist die Entwicklung der Freiheit, welche die Geschichte darstellt.

In diesem Kampfe würden wir niemals einen Schritt vorwärts gemacht haben oder jemals weiter machen, wenn wir ihn als *einzelne, jeder für sich, jeder allein*, geführt hätten oder führen wollten.

Der *Staat* ist es, welcher die *Funktion* hat, *diese Entwicklung der Freiheit*, diese *Entwicklung des Menschengeschlechts* zur Freiheit zu vollbringen.

Der *Staat* ist diese Einheit der Individuen in einem sittlichen Ganzen, eine Einheit, welche die Kräfte *aller* einzelnen, welche in diese Vereinigung eingeschlossen sind, millionenfach vermehrt, die Kräfte, welche ihnen *allen* als einzelnen zu Gebote stehen würden, millionenfach vervielfältigt.

Der Zweck des Staates ist also nicht der, dem einzelnen nur die persönliche Freiheit und das Eigentum zu *schützen*, mit welchen er nach der Idee der Bourgeoisie angeblich schon in den Staat eintritt; der Zweck des Staates ist vielmehr gerade der, *durch* diese Vereinigung die einzelnen in den Stand zu setzen, *solche Zwecke*, eine solche *Stufe des Daseins* zu erreichen, die sie als einzelne nie erreichen könnten, sie zu be-

Gefahr geistiger und sittlicher Versumpfung, die wahrhafte Gefahr einer »modernen Barbarei«, welche heute besteht. In Deutschland kämpft ihr zum Glück mächtig entgegen die antike Bildung, welche nun einmal die unverlierbare Grundlage des deutschen Geistes geworden ist. Von ihr aus erzeugt sich die Ansicht, »der Begriff des Staates sei vielmehr notwendig dahin zu erweitern, bis wohin er meines Erachtens zu erweitern ist, daß *der Staat die Einrichtung sei*, in welcher die *ganze Tugend der Menschheit sich verwirklichen solle*« (Worte *August Boeckhs* in seiner Universitätsfestrede vom 22. März 1862).

fähigen, eine Summe von *Bildung, Macht und Freiheit* zu erlangen, die ihnen sämtlich als einzelnen schlechthin unersteiglich wäre.

Der Zweck des Staates ist somit der, das menschliche Wesen zur *positiven Entfaltung* und *fortschreitenden Entwicklung* zu bringen, mit anderen Worten, die menschliche *Bestimmung*, d. h. die Kultur, deren das Menschengeschlecht *fähig ist, zum wirklichen Dasein* zu gestalten; er ist die *Erziehung und Entwicklung* des Menschengeschlechts zur Freiheit.

Dies ist die eigentlich sittliche Natur des Staates, meine Herren, seine wahre und höhere Aufgabe. Sie ist es so sehr, daß sie deshalb seit allen Zeiten durch den *Zwang* der Dinge selbst von dem Staat, auch ohne seinen Willen, auch unbewußt, auch gegen den Willen seiner Leiter, mehr oder weniger ausgeführt wurde.

Der Arbeiterstand aber, meine Herren, die unteren Klassen der Gesellschaft überhaupt haben schon durch die hilflose Lage, in welcher sich ihre Mitglieder als einzelne befinden, den tiefen Instinkt, daß eben dies die Bestimmung des Staates sei und sein müsse, dem einzelnen durch die Vereinigung aller zu einer solchen Entwicklung zu verhelfen, zu der er als einzelner nicht *befähigt* wäre.

Ein Staat also, welcher unter die Herrschaft der Idee des Arbeiterstandes gesetzt wird, würde nicht mehr, wie freilich auch alle Staaten bisher schon getan, durch die Natur der Dinge und den Zwang der Umstände unbewußt und oft sogar widerwillig getrieben, sondern er würde mit höchster Klarheit und völligem Bewußtsein diese sittliche Natur des Staates zu seiner Aufgabe machen. Er würde mit *freier Lust* und vollkommenster *Konsequenz* vollbringen, was bisher nur stückweise in den dürftigsten Umrissen dem widerstrebenden Willen abgerungen worden ist, und er würde somit *eben hierdurch* notwendig – wenn mir die Zeit auch nicht mehr erlaubt, Ihnen die detailliertere Natur dieses notwendigen Zusammenhanges auseinanderzusetzen – einen Aufschwung des Geistes, die Entwicklung einer Summe von

Glück, Bildung, Wohlsein und Freiheit herbeiführen, wie sie ohne Beispiel dasteht in der Weltgeschichte und gegen welche selbst die gerühmtesten Zustände in früheren Zeiten in ein verblassendes Schattenbild zurücktreten.

Das ist es, meine Herren, was die Staatsidee des Arbeiterstandes genannt werden muß, seine Auffassung des Staatszweckes, die, wie Sie sehen, ebensosehr und genau entsprechend von der Auffassung des *Staatszweckes* bei der Bourgeoisie verschieden ist, wie das Prinzip des Arbeiterstandes von dem Anteil aller an der Bestimmung des Staats*willens* oder das allgemeine Wahlrecht von dem betreffenden Prinzip der Bourgeoisie, dem Zensus.

Die Ihnen hier entwickelte Ideenreihe ist es also, die als die Idee des Arbeiterstandes ausgesprochen werden muß. Sie ist es, die ich im Auge hatte, als ich Ihnen im Eingang von dem Zusammenhange der besonderen Geschichtsperiode, in der wir leben, und der Idee des Arbeiterstandes sprach. Es ist *diese* mit dem Februar 1848 beginnende Geschichtsperiode, welcher die Aufgabe zugefallen ist, diese Staatsidee zur Verwirklichung zu bringen, und wir können uns beglückwünschen, meine Herren, daß wir in einer Zeit geboren sind, welche bestimmt ist, diese glorreichste Arbeit der Geschichte zu erleben, und in welcher es uns vergönnt ist, fördernd an ihr teilzunehmen.

Für alle aber, welche zum Arbeiterstande gehören, folgt aus dem Gesagten die Pflicht einer ganz neuen Haltung.

Nichts ist mehr geeignet, einem Stande ein würdevolles und tief sittliches Gepräge aufzudrücken, als das Bewußtsein, daß er zum herrschenden Stande bestimmt, daß er berufen ist, das Prinzip seines Standes zum Prinzip des gesamten Zeitalters zu erheben, *seine* Idee zur leitenden Idee der ganzen Gesellschaft zu machen und so diese wiederum zu einem Abbilde seines eigenen Gepräges zu gestalten.

Die hohe weltgeschichtliche Ehre dieser Bestimmung muß alle Ihre Gedanken in Anspruch nehmen. Es ziemen Ihnen nicht mehr die Laster der Unterdrückten noch die müßigen Zerstreuungen der Gedankenlosen, noch selbst der harmlose

Leichtsinn der Unbedeutenden. *Sie* sind der Fels, auf welchen die Kirche der Gegenwart gebaut werden soll!

Der hohe sittliche Ernst *dieses* Gedankens ist es, der sich mit einer verzehrenden Ausschließlichkeit Ihres Geistes bemächtigen, Ihr Gemüt erfüllen und Ihr gesamtes Leben als ein seiner würdiges, ihm angemessenes und immer auf ihn bezogenes gestalten muß. Der sittliche Ernst dieses Gedankens ist es, der, ohne Sie je zu verlassen, vor Ihrem Innern stehen muß in Ihrem Atelier während der Arbeit, in Ihren Mußestunden, Ihren Spaziergängen, Ihren Zusammenkünften; und selbst, wenn Sie sich auf Ihr hartes Lager zur Ruhe strecken, ist es *dieser* Gedanke, welcher Ihre Seele erfüllen und beschäftigen muß, bis sie in die Arme des Traumgottes hinübergleitet. Je ausschließender Sie sich vertiefen in den sittlichen Ernst dieses Gedankens, je ungeteilter Sie sich der *Glut* desselben hingeben, um so mehr werden Sie wiederum – dessen seien Sie sicher – die Zeit *beschleunigen*, innerhalb welcher unsere gegenwärtige Geschichtsperiode ihre Aufgabe zu vollziehen hat, um so *schneller* werden Sie die *Erfüllung* dieser Aufgabe herbeiführen.

Wenn unter Ihnen, meine Herren, die Sie mir heute zuhören, nur *zwei* oder *drei wären*, in welchen es mir geglückt wäre, die sittliche Glut dieses Gedankens zu entzünden, in jener Vertiefung, die *ich* meine und Ihnen geschildert habe, so würde ich das bereits für einen großen Gewinn und mich für meinen Vortrag reich belohnt betrachten.

Vor allem, meine Herren, müssen Ihrer Seele fremd bleiben Mutlosigkeit und Zweifel, zu denen eine des Gedankens nicht hinreichend mächtige Betrachtung geschichtlicher Ereignisse leicht führen kann.

So ist es z. B. geradezu *nicht wahr*, daß in Frankreich die Republik durch den Staatsstreich des Dezembers 1851 gestürzt wurde.

Was sich in Frankreich nicht halten konnte, was damals wahrhaft unterging, das war nicht *die* Republik, sondern jene Republik, welche durch das Wahlgesetz vom 30. Mai 1850, wie ich Ihnen bereits gezeigt habe, das allgemeine

Wahlrecht aufhob und einen verkappten Zensus zur Ausschließung der Arbeiter einführte; das war also die Bourgeois-Republik, welche das Gepräge der Bourgeoisie, die Herrschaft des Kapitals, auch dem republikanisierten Staate aufdrücken wollte. *Dies* war es, was dem französischen Usurpator die Möglichkeit gab, unter einer scheinbaren Wiederherstellung des allgemeinen Wahlrechts die Republik zu stürzen, welche sonst an der Brust der französischen Arbeiter einen unübersteiglichen Wall gefunden hätte.

Was also damals in Frankreich wirklich sich nicht halten konnte und gestürzt wurde, das war nicht *die* Republik, sondern die *Bourgeois*-Republik, und so bestätigt es sich denn bei der wahrhaften Betrachtung gerade auch an diesem Beispiel, daß die Geschichtsperiode, in die wir mit dem Februar 1848 eingetreten sind, keinen Staat mehr erträgt, welcher, *gleichviel ob in monarchischer oder republikanischer Form*, das herrschende politische Gepräge des dritten Standes der Gesellschaft aufdrücken oder *in* ihr erhalten will.

Von den hohen Bergspitzen der Wissenschaft aus, meine Herren, sieht man das Morgenrot des neuen Tages früher als unten in dem Gewühle des täglichen Lebens.

Haben Sie bereits einmal, meine Herren, einen Sonnenaufgang von einem hohen Berge aus mit angesehen?

Ein Purpursaum färbt rot und blutig den äußersten Horizont, das neue Licht verkündend, Nebel und Wolken raffen sich auf, ballen sich zusammen und werfen sich dem Morgenrot entgegen, seine Strahlen momentan verhüllend – aber keine Macht der Erde vermag das langsame und majestätische Aufsteigen der Sonne selbst zu hindern, die eine Stunde später aller Welt sichtbar, hell leuchtend und erwärmend am Firmamente steht.

Was eine Stunde ist in dem Naturschauspiel eines jeden Tages, das sind ein oder zwei Jahrzehnte in dem noch weit imposanteren Schauspiel eines weltgeschichtlichen Sonnenaufgangs.

Lassalles Werk

1843 Grundzüge einer Charakteristik der Gegenwart mit besonderer Berücksichtigung der Hegelschen Philosophie.

1844 »Industriebrief«, Brief an den Vater vom 6. September.
Philosophie des Geistes.

1845 »Kriegsmanifest«, Brief an Arnold Mendelsohn, Alexander Oppenheim und Albert Lehfeld.

1848 Meine Verteidigungsrede wider die Anklage der Verleitung zum Kassettendiebstahl.

1849 Assisenrede.

1850 Geschichte der sozialen Entwicklung.
»Ehebrief« an die Gräfin Hatzfeldt.

1858 Die Philosophie Herakleitos' des Dunklen von Ephesos. Nach einer neuen Sammlung seiner Bruchstücke und der Zeugnisse der Alten dargestellt.

1859 Franz von Sickingen. Eine historische Tragödie.
Der italienische Krieg und die Aufgabe Preußens.

1860 Die »Seelenbeichte«. Bekenntnisbrief an Sophie Sontzeff.
Fichtes politisches Vermächtnis und die neueste Gegenwart.

1861 Die Hegelsche und die Rosenkranzsche Logik und die Grundlage der Hegelschen Geschichtsphilosophie im Hegelschen System.
Gotthold Ephraim Lessing.
Das System der erworbenen Rechte. Eine Versöhnung des positiven Rechts und der Rechtsphilosophie.

1862 Die Philosophie Fichtes und die Bedeutung des deutschen Volksgeistes.
Herr Julian Schmidt, der Literaturhistoriker.

Über Verfassungswesen.

Über den besonderen Zusammenhang der gegenwärtigen Geschichtsperiode mit der Idee des Arbeiterstandes (»Arbeiterprogramm«).

1863 Was nun? Zweiter Vortrag über Verfassungswesen.

Macht und Recht.

Die indirekte Steuer und die Lage der arbeitenden Klassen.

Offenes Antwortschreiben an das Zentralkomitee zur Berufung eines allgemeinen deutschen Arbeiterkongresses zu Leipzig (»Arbeitermanifest«).

Zur Arbeiterfrage.

Arbeiterlesebuch.

Die Feste, die Presse und der Frankfurter Abgeordnetentag. Drei Symptome des öffentlichen Geistes.

An die Arbeiter Berlins. Eine Ansprache im Namen der Arbeiter des Allgemeinen Deutschen Arbeitervereins.

1864 Herr Bastiat-Schulze von Delitzsch, der ökonomische Julian, oder Kapital und Arbeit.

Die Agitation des Allgemeinen Deutschen Arbeitervereins und das Versprechen des Königs von Preußen (Ronsdorfer Rede).

Der Prozeß wider Ferdinand Lassalle vor der korrektionellen Appellkammer zu Düsseldorf am 27. Juni 1864 (Verteidigungsrede).

Nachwort

Zum Anlaß des hundertjährigen Jubiläums der Gründung des Allgemeinen Deutschen Arbeitervereins, der Geburtsstunde der deutschen Sozialdemokratie, wurden im Jahre 1963 erneut Person und Werk Ferdinand Lassalles in den Vordergrund wissenschaftlichen und parteipolitischen Interesses gerückt. Worauf ist diese unerwartete Lassalle-Diskussion zurückzuführen? Resultiert sie aus rein antiquarischem Interesse oder aus einem wiedererweckten Bedürfnis, den »Geist des ersten Arbeiterführers« heraufzubeschwören[1]? Oder hat die heutige Beschäftigung mit Lassalle ihre Ursache in einer Neuorientierung der Sozialdemokratischen Partei Deutschlands? Ist nicht die Geschichte der SPD von einer ständig sich erneuernden Konfrontation mit dem Marxismus geprägt, in der die Bezugnahme auf Lassalle eine ausschlaggebende Rolle spielte?

Spätestens seit dem Ersten Weltkrieg hat sich die deutsche Sozialdemokratie offensichtlich von den Theorien und Forderungen Karl Marx' in zunehmendem Maße distanziert. Gerade im Zusammenhang mit der *sozialdemokratischen Marxismusdiskussion* kann die Einschätzung Ferdinand Lassalles als ›Schüler‹, ja Plagiator von Marx oder als eigenständiger, origineller Denker und darüber hinaus als Marx-Ersatz an Relevanz gewinnen. So sieht sich die moderne Lassalle-Forschung »vor die Aufgabe gestellt, zwischen dem Klischee, das in Lassalle den ersten großen Repräsentanten des ›demokratischen Sozialismus‹ erblickt, und dem Gegenbild eines letztlich arbeiterfeindlichen Sektierers die sehr viel stärker auf das politische Denken des Vormärz und der Jung-

---

1. Vgl. dazu u. a. H. Kelsen: Marx oder Lassalle. Wandlungen in der politischen Theorie des Marxismus. In: Archiv der Geschichte der Sozialistischen Arbeiter-Bewegung, 11, 1925. Neudruck Darmstadt 1967.

hegelianer zurückweisende Position Lassalles neu zu formulieren und von einem so gewonnenen Standort die Frage seiner Wirkungsgeschichte als Politiker wie als Theoretiker präzise zu beantworten«[2].

Die hier abgedruckte Rede, die als *Arbeiterprogramm* in die Geschichte der deutschen Arbeiterbewegung einging, wurde von Ferdinand Lassalle am 12. April 1862 im Handwerkerverein der Oranienburger Vorstadt in Berlin vor Maschinenbauarbeitern gehalten. Sie bildet den Auftakt zu einer über zweijährigen politischen Agitation Lassalles, die am 23. Mai 1863 zur Gründung des Allgemeinen Deutschen Arbeitervereins führte. Erster Präsident mit nahezu diktatorischen Vollmachten wurde Lassalle. Bei der Beurteilung der politischen Wirksamkeit des Begründers der deutschen Sozialdemokratie, die in den Jahren 1862 bis 1864 kulminierte, sollte berücksichtigt werden, daß sein politisches Engagement keineswegs erst im Jahre 1862 einsetzt, sondern weit in die vierziger Jahre zurückreicht. Nicht ohne Grund schrieb Lassalle an Karl Marx: »Ich (bin) seit 1840 Revolutionär, seit 1843 entschiedener Sozialist«[3].

Der in den Jahren 1921 bis 1925 erschienene, von Gustav Mayer hervorragend edierte Nachlaß Ferdinand Lassalles[4], der die Grundlage der modernen Lassalle-Forschung bildet, bestätigt diese Äußerung. Es finden sich in ihm zahlreiche Aufsätze, Reden und Briefstellen, in denen die politischen Theorien und Forderungen, ja selbst die Agitationsweise Lassalles in den Jahren 1862 bis 1864 vorweggenommen sind.

In diesem Zusammenhang bildet das berühmt gewordene »Arbeiterprogramm« eine auf die tagespolitische Situation bezogene Umarbeitung und Erweiterung des Manuskripts

2. H. Mommsen: Lassalle. In: Sowjetsystem und demokratische Gesellschaft. Freiburg i. Br. 1969. Bd. 3. Sp. 1333.
3. Brief an Marx, Februar 1860. In: F. Lassalle, Nachgelassene Briefe und Schriften. Hrsg. von G. Mayer. Stuttgart u. Berlin 1921–25. 3. Bd. S. 262.
4. F. Lassalle: Nachgelassene Briefe und Schriften. Hrsg. von G. Mayer. 6 Bde. Stuttgart u. Berlin 1921–25.

»Geschichte der sozialen Entwicklung«[5] aus dem Jahre 1850.

Neben dem direkten Bezug zu Hegel lassen sich Anleihen bei Lorenz von Stein, bei den französischen Frühsozialisten Proudhon, Fourier und Louis Blanc und vor allem aus dem »Manifest der Kommunistischen Partei« von Karl Marx und Friedrich Engels nachweisen. Lassalles Bekenntnis, dieses Manifest auswendig zu können, wirft ein bezeichnendes Licht auf die faszinierende Ausstrahlung, die diese Schrift auf ihn ausgeübt hat.

Das »Arbeiterprogramm«, das noch 1925 zu den »Elementarbüchern des Kommunismus« zählte, wird von dem sozialistischen Historiker Franz Mehring als Kommunistisches Manifest »im Spiegel der deutschen Zustände«[6] bezeichnet. Im gleichen Tenor charakterisiert Eduard Bernstein, Sprecher der revisionistischen Richtung innerhalb der deutschen Sozialdemokratie um die Jahrhundertwende, diese Rede Lassalles als »eine vortreffliche Einleitung in die Gedankenwelt des Sozialismus«, insbesondere als eine »der Zeit und den Umständen ... angepaßte Umschreibung des Kommunistischen Manifests«[7]. Demgegenüber hat es Karl Marx sarkastisch als »schlechte Vulgarisation des Manifests und anderer von uns so oft gepredigter Sachen«[8] abqualifiziert.

Um Entwicklung, Intention und Aussage des »Arbeiterprogramms« deutlich zu machen, gilt es im folgenden Schwerpunkte von Lassalles Theorien und Forderungen vorzustellen.

Zuerst jedoch einiges über Lassalles *Leben*.

Ferdinand Lassalle wurde am 11. April 1825 in Breslau geboren. Sein Vater, ein zu Wohlstand und Ansehen gekom-

5. ebda. Bd. 6. S. 92–155.
6. F. Mehring: Geschichte der deutschen Sozialdemokratie. Bd. 1. (Ost-)Berlin 1960. S. 673.
7. E. Bernstein: Ferdinand Lassalle. Eine Würdigung des Lehrers und Kämpfers. Berlin 1919. S. 160 f.
8. Zitiert nach H. Oncken: Lassalle. Zwischen Marx und Bismarck. Stuttgart [5]1966. S. 203.

mener jüdischer Seidenhändler, war ein entschiedener Befürworter des Reformjudentums. Aufgewachsen in einer Atmosphäre orthodoxen Judentums und aufgeklärter Liberalität, zeigte Lassalle eine frühreife intellektuelle Begabung. Schon als Sechzehnjähriger unterrichtete er seinen Vater von seinem »unwiderruflichen Entschluß«, sich dem »größten Studium der Welt ...«, das am engsten mit den heiligsten Interessen der Menschheit verknüpft ist«, zu widmen, dem »Studium der Geschichte«[9].

Nach dem Abitur studierte er in Breslau, Leipzig und vor allem in Berlin klassische Philologie und Philosophie. In Paris (1845/46) lernte er Heinrich Heine kennen. Als Mitarbeiter der »Neuen Rheinischen Zeitung« machte er 1848 die Bekanntschaft von Marx und Engels. Seit 1846 war er der Anwalt der Gräfin von Hatzfeldt in ihrem Scheidungsprozeß, der erst 1854 erfolgreich beendet werden konnte. Der Lohn, den Lassalle in Form einer lebenslänglichen Rente erhielt, gab ihm die notwendige finanzielle Unabhängigkeit, um sich seinen philosophischen Studien, literarischen Arbeiten, politischen Schriften und vor allem von 1862 bis 1864 seiner politischen Agitation zu widmen.

Lassalles wichtigste Werke sind: die bereits im 4. Studiensemester begonnene philosophische Arbeit über »Die Philosophie Herakleitos' des Dunklen von Ephesos« (1858), welche ihm die Aufnahme in die Berliner Philosophische Gesellschaft verschaffte; das historische Drama »Franz von Sickingen« (1859); die politische Kampfschrift »Der italienische Krieg und die Aufgabe Preußens« (1859), in der Lassalle zum Anlaß des italienischen Krieges im Jahre 1859 für die deutsche Einigung unter preußischer Führung eintrat; das umfangreiche rechtsphilosophische Werk »Das System der erworbenen Rechte« (1861), in dem Lassalle das germanische mit dem römischen Recht konfrontiert und u. a. seine oft gebrauchte These begründet, daß Verfassungsfragen lediglich Machtfragen seien; und neben den zahlreichen Reden

---

9. Sh. Na'aman: Lassalle. Hannover 1970. S. 17.

und Schriften während der Arbeiteragitation in den Jahren 1862 bis 1864 die nationalökonomische Schrift »Herr Bastiat-Schulze von Delitzsch, der ökonomische Julian, oder Kapital und Arbeit« (1864).

Am 31. August 1864 starb Ferdinand Lassalle, erst 39 Jahre alt, an den Folgen eines Duells.

Lassalles *geistige Entwicklung* wurde geprägt von der Auseinandersetzung mit seiner jüdischen Herkunft, dem über acht Jahre dauernden Hatzfeldt-Prozeß, der ihm neben einer ansehnlichen Rente und dem spektakulären Ruf eines Dandys umfassende juristische Kenntnisse, rhetorische Fähigkeiten und organisatorisches Geschick einbrachte. Bestimmend wurde jedoch seine Beschäftigung mit der Philosophie Hegels, die sein Leben und sein literarisches Werk ausrichten sollte. Thilo Ramm hat nachdrücklich darauf hingewiesen, daß Lassalle nur zu verstehen sei, wenn seine Herkunft von Hegel berücksichtigt und somit auch bei der Beurteilung seiner politischen Aktion niemals die philosophische Perspektive außer acht gelassen werde[10].

Bereits als Schüler wurde ihm Hegel zum Erlebnis[11]. Er habe die höchste Phase erreicht und könne sich nur noch quantitativ ausbilden, schrieb er 1848 seinem Vater[12]. Hegels Philosophie bildete für ihn die höchstmögliche Erkenntnisstufe. Alle Praxis war im Sinne Hegels die Verwirklichung einer Theorie, ebenso wie es ihm als die Bestimmung einer Theorie galt, in die Praxis umzuschlagen[13].

Von dieser dialektischen Einheit von Theorie und Praxis hat sich Lassalle ganz im Gegensatz zu Marx, der Hegel »vom Kopf auf die Füße stellte«, niemals gelöst. Hierin wurzelt auch sein *Geschichtsverständnis*: Jede neue historische Periode folge mit notwendiger Konsequenz aus der vorausgegangenen; eine jede habe die Bestimmung der absoluten

10. Thilo Ramm: Ferdinand Lassalle als Rechts- und Sozialphilosoph. Meisenheim (Glan) u. Wien 1953.

11. Sh. Na'aman: Lassalle. Hannover 1970. S. 2 ff.

12. Vgl. ebda. S. 3.

13. Vgl. G. Mayer: F. Lassalle, Nachgelassene Briefe . . . Bd. 6. S. 52.

Notwendigkeit, eine jede sei eine Stufe in der Selbstverwirklichung des Geistes. Wie für Lassalle als Hegel-Schüler die Geschichte überhaupt die Entwicklung des absoluten Geistes bedeutete. Daraus ergibt sich für ihn die Erkenntnis, daß der Gang der Geschichte nicht nur Fortschreiten, sondern vielmehr Fortschritt ist. Ebenso wie Marx und Engels glaubte Lassalle, das innerste Bewegungsgesetz der Geschichte erkannt zu haben. Auf Grund seines Verhältnisses zur Geschichte bietet ihm diese eine Basis, auf der sich jede Argumentation aufbauen läßt. Die Geschichte wird für Lassalle somit zu einer unerschöpflichen Fundgrube, welche ihm sämtliche Beweise und jegliche Begründung für seine politische Aktivität liefern konnte. Von Hegel kommend, bezeichnete Lassalle das »Lebensprinzip der Geschichte ... als nichts anderes als die Entwicklung der Freiheit« (S. 41). Dementsprechend sieht er in der Geschichte eine gesetzmäßige und daher notwendige Entwicklung, die sich jedoch nicht mechanistisch, in stetig fließenden Übergängen, sondern durch deutliche qualitative Zäsuren, in einem dialektischen Prozeß einander sich ablösender historischer Phasen vollzieht.

Lassalles Geschichtsverständnis beruht im Vergleich zu Marx zwar auf unterschiedlichen erkenntnistheoretischen Grundlagen, hat aber mit ihm gemeinsam die Betonung der Dialektik als entscheidendes Kriterium des Geschichtsprozesses. Dieser bedeutet für ihn jedoch im Gegensatz zum historischen Materialismus eine fortschreitende Verwirklichung des Sittlichen.

Aus seinem dialektischen Geschichtsverständnis entwickelt Lassalle seinen *Revolutionsbegriff*, das »Kernstück seiner Geschichtsbetrachtung«[14]: »Revolution heißt Umwälzung, und eine Revolution ist somit stets dann eingetreten, wenn, gleichviel ob mit oder ohne Gewalt – auf die Mittel kommt es dabei gar nicht an –, ein ganz neues Prinzip an die Stelle des bestehenden Zustandes gesetzt wird«[15].

14. Vgl. S. Miller: Das Problem der Freiheit im Sozialismus. Frankfurt a. M. 1964. S. 26.
15. F. Lassalle: Die Wissenschaft und die Arbeiter. In: Gesammelte

Diese Definition der Revolution berührt bereits das in der Geschichte der deutschen Sozialdemokratie so heiß umstrittene Problem der Einordnung von Revolution und Reform, die Frage nach den Möglichkeiten, einen revolutionären Akt vorzubereiten und zu bestimmen.

Lassalle gibt dazu eine rein juristische Deutung: »Man kann nie eine Revolution machen; man kann immer nur einer Revolution, die schon in den tatsächlichen Verhältnissen einer Gesellschaft eingetreten ist, auch äußere rechtliche Anerkennung und konsequentere Durchführung geben« (S. 17).

Hier bleiben sowohl die Frage nach den Mitteln einer ›Umwälzung‹ als auch die nach den Kriterien einer Revolution unbeantwortet. Folgt man Lassalles anfechtbarer Interpretation des Bauernkrieges als reaktionäre Bewegung mit der Begründung, »eine wirklich revolutionäre Bewegung ... ist ... noch niemals untergegangen« (S. 10), so ist eine Revolution als solche ausschließlich retrospektiv und auf Grund ihrer erfolgreichen Durchführung zu erkennen.

Hinweise auf taktische Motive und auf andersartige Äußerungen in Lassalles Briefwechsel[16] können die Verschwommenheit seines Revolutionsbegriffes nicht klären. Deutungsversuche, die Lassalles Revolutionsverständnis lediglich taktisch und weniger theoretisch exakt bestimmt sehen wollen und die Intention von Lassalles Agitation in den Vordergrund schieben, befriedigen kaum. Sicherlich versprach sich Lassalle von seiner legalistischen Argumentationsweise, eine »wirkliche revolutionäre Bewegung« habe sich stets durchgesetzt, bei seinen Zuhörern eine Siegeszuversicht, die keinen Zweifel am Gelingen zulassen könne. Denn – so verkündet er in seinem Drama »Franz von Sickingen« – die »Stärke der Revolution besteht in ihrer Begeisterung, diesem unmit-

Reden und Schriften. Hrsg. u. eingel. von E. Bernstein. 2. Bd. Berlin 1919. S. 275 f.
16. Vgl. hierzu u. a. F. Mehring, a. a. O. S. 676 ff.; H. Oncken: Lassalle. Eine politische Biographie. Berlin 1920. S. 239 f., 247 f.; S. Miller, a. a. O. S. 26 ff.

telbaren Zutrauen der Idee in ihre eigene Kraft und Unend-
lichkeit ... die ewige Schwäche einer jeden berechtigten revolutionären Idee, die sich zur Praxis kehren will, ... liegt in
dem Mangel an Organisation der ihr zu Gebote stehenden
Mittel«[17]. Auch hier bleibt die Frage nach der »berechtigten
revolutionären Idee« unbeantwortet. Offensichtlich ist diese
für Lassalle die »Idee des Arbeiterstandes«. Denn der ur-
sprüngliche Titel des »Arbeiterprogramms« lautete: »Über
den besonderen Zusammenhang der gegenwärtigen Geschichtsperiode mit der Idee des Arbeiterstandes.« Die Rede
als Ganzes kann als Antwort auf die Frage nach der »berechtigten revolutionären Idee« gelten. Belege dafür lassen
sich zusätzlich in früheren Äußerungen Lassalles finden,
wenn er z. B. ganz im Sinne Hegels schreibt: »Hat aber erst
eine Zeit ihren inneren Begriff aus sich herausgearbeitet und
so klar zum bewußten Für-sich-Sein erhoben, wie die un-
srige, so folgt mit derselben Notwendigkeit der Übergang
dieses inneren Begriffs in die Praxis ...«[18]

Im »Arbeiterprogramm« und in anderen Reden führt Lassalle den Beweis, warum die *Idee des Arbeiterstandes* das
kommende herrschende Prinzip sein muß. Analog dem »Manifest der Kommunistischen Partei« unterteilt er die Geschichte seit dem Mittelalter in »drei große Weltperioden«:
in die Periode des Feudalismus, in der Grundbesitz das
herrschende Prinzip darstelle, in die Periode der bürgerlichen Gesellschaft, der Zeit des Kapitalbesitzes, in der Kapitalreichtum, bedingt durch Arbeitsteilung und Massenpro-
duktion und daher Akkumulation des Kapitals das herrschende Prinzip verkörpere. Aber auch diese Periode sei
bereits innerlich abgelaufen, denn »am 24. Februar 1848
brach die erste Morgenröte einer neuen Geschichtsperiode
an« (S. 34): in Frankreich nämlich wurde ein Arbeiter in die
Regierung berufen. Dieses Ereignis ist für Lassalle von weit-

17. F. Lassalle: Franz von Sickingen. In: Gesammelte Reden u. Schriften, a. a. O. Bd. 1. S. 137; vgl. S. Miller, a. a. O. S. 28.
18. F. Lassalle: Grundzüge zu einer Charakteristik der Gegenwart. In:
Nachgelassene Briefe . . . a. a. O. Bd. VI. S. 56 f.

tragender Bedeutung, weil damit die Arbeiterschaft, der vierte Stand, aktiv in den Geschichtsprozeß eingetreten war.

Diese nun angebrochene dritte Geschichtsperiode, die von der Idee des Arbeiterstandes beherrscht wird, zeichnet sich dadurch aus, daß die Arbeiterklasse »im Gegensatz zur Feudalklasse der Vergangenheit und zur Bourgeoisie der Gegenwart, durch keine ›ausschließende Bedingung‹, als die sich der Grundbesitz und der Kapitalbesitz erwiesen, daran gehindert sei, ihre Sache zur Sache der gesamten Menschheit zu machen. Darum sei »seine Freiheit ... die Freiheit der Menschheit selbst, seine Herrschaft ist die Herrschaft aller« (S. 35).

Weil also die Arbeiterklasse keinen Besitz und keine daraus erwachsenen Vorrechte zu verteidigen habe, sei jeder Antagonismus zwischen ihrem besonderen Interesse und dem allgemeinen Interesse aufgehoben. Das Streben der Arbeiterklasse, ihr Klassenlos zu verbessern, falle durchaus zusammen »mit der Entwicklung des gesamten Volkes, mit dem Siege der Idee, mit den Fortschritten der Kultur, mit dem Lebensprinzip der Geschichte selbst, welches nichts anderes als die Entwicklung der Freiheit ist« (S. 41). In der Eigentumslosigkeit des vierten Standes, den er wie Marx als den enterbten Stand der Gesellschaft bezeichnet, sieht Lassalle die Voraussetzung und die Möglichkeit des Übergangs zu einer höheren historischen Entwicklung zur Sittlichkeit und zur Freiheit gegeben. Das Proletariat werde somit zur »Avantgarde der Menschheit« und sei auf Grund seiner Fähigkeit zur spontanen Solidarisierung befähigt, Träger der weltgeschichtlichen Umwälzung zu werden.

Lassalle sieht in der neuen Geschichte zwei revolutionäre Umschläge, die beide die Beseitigung von Privilegien zum Inhalt haben und dadurch den Herrschaftsbereich der freien Persönlichkeit erweitern: der erste beseitigt die Privilegien des Ständestaates, der zweite die des Eigentumstaates. Der erste Umbruch war die Französische Revolution, der zweite werde die kommunistische sein. Beide Revolutionen sind für Lassalle ein Fortschreiten in die Freiheit[19].

Im Zusammenhang mit Lassalles legalistisch begründetem Revolutionsbegriff ist es notwendig, einen Blick auf sein *Staatsverständnis* zu werfen und nach dessen Funktion zu fragen.

Deutlich trennt er zwischen der Staatsidee der Bourgeoisie und der des Arbeiterstandes. Für die Bourgeoisie habe der Staat die Aufgabe, »dem einzelnen nur die persönliche Freiheit und das Eigentum zu schützen«, während der Staat, der »unter die Herrschaft der Idee des Arbeiterstandes gesetzt wird«, seine Funktion darin haben müsse, »die menschliche Bestimmung, d. h. die Kultur, deren das Menschengeschlecht fähig ist, zum wirklichen Dasein zu gestalten«. Ein derartiger Staat werde seinen ursprünglichen Zweck, d. h. »die Erziehung und Entwicklung des Menschengeschlechts zur Freiheit« (S. 44), erfüllen.

Weil die Bourgeoisie nur am Schutz ihrer eigenen persönlichen Freiheit und ihres eigenen Besitzes interessiert sei, habe sie diesen wahren Staatszweck zur »Nachtwächteridee vom Staat« (S. 42) degradiert. Ihren Kapitalbesitz habe die Bourgeoisie dazu mißbraucht, »die Rechtsgleichheit zwischen Besitzenden und Nichtbesitzenden aufzuheben und die Freiheit des Volkes und seiner Entwicklung dadurch zugunsten des größeren Besitzes und seiner festen Herrschaft zu konfiszieren«[20].

Dem Staatsgedanken des Liberalismus stellt Lassalle einen absoluten Staatsbegriff entgegen. Der Staat ist das Organ, das für alle da ist, und er habe die Aufgabe, »an seiner schützenden Hand die menschliche Lage aller herbeizuführen«[21].

Die Arbeiterschaft, einmal zur Herrschaft gelangt, werde »mit höchster Klarheit und völligem Bewußtsein« die

---

19. Vgl. Sh. Na'aman: F. Lassalle – Demokratie und Sozialdemokratie. In: Archiv für Sozialgeschichte (ASG) 3 (1963) S. 34.
20. F. Lassalle: Die Wissenschaft und die Arbeiter. In: Gesammelte Reden . . . a. a. O. S. 267.
21. F. Lassalle: Die indirekte Steuer und die Lage der arbeitenden Klassen. In: ebda. S. 484.

wahre, die »sittliche Natur des Staates zu seiner Aufgabe machen« (S. 44), da der vierte Stand auf Grund seines fehlenden Kapitalbesitzes keinerlei Privilegien für sich beanspruchen könne, zu deren Zweck er den Staat seinem eigentlichen Sinn entfremden müsse. In seinem Staatsbegriff und den aus ihm gezogenen Folgerungen unterscheidet sich Lassalle grundlegend von Marx und Engels. Auf dem Boden der idealistischen Philosophie stehend, definiert er den Staat als ein Abstraktum, das losgelöst von materiellen Verhältnissen einer sittlichen Idee dient. Während für Marx der Staat konkret gesellschaftlich als Machtinstrument der jeweils herrschenden Klasse definiert ist, vertritt Lassalle einen idealistischen, allgemeingültigen Staatsbegriff. Nicht das Zerschlagen des Staatsapparates durch das Proletariat, sondern der kontinuierliche Prozeß der Durchsetzung einer Idee ist für Lassalle zukunftsweisend.

Lassalle sieht somit den Kommunismus nicht auf dem Wege einer revolutionären Erhebung der Arbeiterklasse, sondern einer »Diktatur der Einsicht« verwirklicht. Diese »Diktatur der Einsicht«, die von einer wissenschaftlichen Elite getragen werde und in der Akklamation der Massen ihre Bestätigung finden sollte, würde keineswegs den Staat zerstören, wie dies Marx in seiner Konzeption von der Diktatur des Proletariats fordert, sondern sollte im Gegensatz dazu den Staat als Instrument der revolutionären Umgestaltung sowie der Erziehung der Massen zur Freiheit benützen.

Mit der Forderung einer *Allianz der Wissenschaft und der Arbeiter*, als den beiden »entgegengesetzten Polen« der Gesellschaft, versuchte Lassalle das Problem des Verhältnisses der Führung zur Bewegung zu lösen, das für die Entwicklung des marxistischen Denkens entscheidende Bedeutung hatte und das auch Lenin nicht überzeugend zu bewältigen vermochte[22]. Hier liegt auch Lassalles eigentliches Verdienst für die deutsche Arbeiterbewegung. Er ist keineswegs als ihr Initiator anzusehen; denn Arbeitervereine und Arbeiterver-

---

22. Vgl. H. Mommsen, a. a. O. Sp. 1346.

brüderungen existierten lange vor der Gründung des Allgemeinen Deutschen Arbeitervereins. Lassalle hat vielmehr die proletarische Bewegung aus dem Schlepptau der bürgerlichen Parteien, hier im speziellen Fall aus der Abhängigkeit von der Preußischen Fortschrittspartei befreit und den Arbeiterstand »als selbständige Partei konstituiert«[23].

Die Gründung des Allgemeinen Deutschen Arbeitervereins – die historische Tat Lassalles – kann als Beginn des modernen Parteilebens überhaupt, ja als Entstehung einer neuen Demokratie bezeichnet werden, »die sich endgültig von der Tradition der Achtundvierziger befreit hatte: hinweg von den Prinzipien und dem ewigen Naturrecht; von Spontaneität der Massen und den angeborenen Bürgertugenden zu empirischer Taktik und rationaler Organisation«[24].

Zur Abrundung des Lassalle-Bildes ist noch ein Blick auf die von ihm vorgeschlagenen *Mittel zur Realisierung seines Zukunftstaates* zu werfen. Im »Arbeiterprogramm« erklärt Lassalle, daß an die Stelle der Steuerfreiheit des Adels im Zeitalter des Feudalismus nun im liberalen Staat die faktische Steuerfreiheit des Bürgertums trete, weil nahezu 90 Prozent des Staatshaushaltes aus indirekten Steuern bestritten werden. Demnach seien die Privilegien der Grundherrschaft in die der Geldherrschaft zu übertragen. Abhilfe könne ein allgemeines gleiches Wahlrecht schaffen, um somit das Privileg der Steuerfreiheit aufzuheben. Diese Forderung zieht sich durch alle politischen Reden Lassalles, ja selbst in § 1 der Statuten des Allgemeinen Deutschen Arbeitervereins wird das allgemeine Wahlrecht als das friedliche und legale Mittel zur Beseitigung der Klassengegensätze in der Gesellschaft bezeichnet. Die Idee des Arbeiterstandes könne nur durch soziale Gesetzgebung und durch Abbau der indirekten Steuern verwirklicht werden.

Neben der Forderung nach allgemeinen Wahlen ist vor allem

---

23. F. Lassalle: Offenes Antwortschreiben an das Zentralkomitee ... In: a. a. O. Bd. 3. S. 47.
24. Sh. Na'aman: F. Lassalle – Demokratie und Sozialdemokratie. In: a. a. O., S. 58.

Lassalles Postulat: »Produktionsassoziationen mit Staatskredit« zu nennen. In seinem »Offenen Antwortschreiben an das Zentralkomitee zur Berufung eines allgemeinen deutschen Arbeiterkongresses zu Leipzig« (1863), das zur Gründung des Allgemeinen Deutschen Arbeitervereines führte, und ausführlicher in seiner nationalökonomischen Streitschrift, »Herr Bastiat-Schulze von Delitzsch, der ökonomische Julian« (1864), entwickelt Lassalle sein berühmt gewordenes *ehernes Lohngesetz*, das in die ersten Parteiprogramme der deutschen Sozialdemokratie eingegangen ist. An die Arbeiten von Ricardo und Malthus anknüpfend, erklärt er, daß der durchschnittliche Arbeitslohn immer auf den notwendigen Lebensunterhalt reduziert bleibe, der für die Existenz und Fortpflanzung der Arbeiter unbedingt notwendig sei. Milderung, ja Aufhebung dieser Verelendung der arbeitenden Klassen könne seiner Meinung nach nur mit Hilfe von »Produktionsassoziationen mit Staatskredit« erreicht werden. Lassalle wollte damit dem Genossenschaftsgedanken des Fortschrittspolitikers Schulze-Delitzsch, den er in zahlreichen Reden und Schriften heftig attackierte, eine propagandistisch wirksame Alternative entgegenstellen. Trotzdem war sich Lassalle bewußt, daß die von ihm so hochgespielte Forderung nach »Produktionsassoziationen« keine effektive Lösung der sozialen Frage darstellen könne. Er betrachtete sie neben ihrer propagandistischen Funktion als Mittel zur Verbesserung der Lage der arbeitenden Klassen und darüber hinaus als Vehikel, einen das ganze Volk umfassenden Mittelstand schaffen zu können.

Schon zeitgenössische Kritiker des Lassalleschen Assoziationsgedankens vermißten eine klare Darlegung der ökonomischen Realisierung und verurteilten vor allem, daß Lassalle in seinen Agitationsreden die Errichtung der Assoziationen mit Unterstützung des preußischen Staates erreichen wollte. In diesem Zusammenhang steht Lassalles Kontaktnahme mit Bismarck[25], die ihm den Ruf eines »Arbeiterverräters« ein-

25. Vgl. dazu u. a. H. Oncken: F. Lassalle, a. a. O.; F. Mehring, a. a. O.; G. Mayer: Bismarck und Lassalle, ihr Briefwechsel und ihre

brachte. Lassalle schlug in mehreren Unterredungen dem preußischen Ministerpräsidenten vor, gemeinsam mit dem Arbeiterstand gegen die in der preußischen Fortschrittspartei organisierte Bourgeoisie vorzugehen. Damit erhoffte er sich das allgemeine Wahlrecht sowie eine gewisse Schonzeit für den Aufbau seiner Parteiorganisation. Marx und Engels erblickten in dieser Taktik die Gefahr, daß der reine Klassenkampfstandpunkt verdeckt würde. Trotz dieser und vieler anderer Differenzen mußte jedoch Karl Marx dem »Marat von Berlin«, wie er einmal Lassalle charakterisierte, »das unsterbliche Verdienst« zugestehen, »nach fünfzehnjährigem Schlummer ... die Arbeiterbewegung wieder wach in Deutschland«[26] gerufen zu haben. Darüber hinaus besteht, wie H. Mommsen betont hat[27], die geschichtliche Bedeutung Ferdinand Lassalles darin, daß er sich entfaltenden Arbeiterbewegung eine spezifisch neuartige Richtung zugewiesen und damit diese qualitativ verändert habe. Abkehr vom liberalen ›Bewegungs‹-Begriff und Zuwendung zur modernen Parteibildung, darin besteht das Verdienst von Ferdinand Lassalle.

Wolfgang Michalka

Gespräche. Berlin 1928; W. Mommsen: Bismarck und Lassalle. In: ASG 3 (1963) S. 21–80.
26. Marx an J. B. von Schweitzer, 13. Oktober 1868. In: Marx/Engels Werke. (Ost-)Berlin 1965. Bd. 32. S. 568 f.
27. H. Mommsen, a. a. O. Sp. 1358.

Auswahlbibliographie

I. Bibliographisches

B. Andréas: Bibliographie der Schriften von Ferdinand Lassalle und Auswahl aus der Literatur über ihn. In: Archiv für Sozialgeschichte (ASG) 3 (1963) S. 331–423.

II. Werkausgaben

Reden und Schriften. Neue Gesamtausgabe. Hrsg. von E. Bernstein. 3 Bde. Berlin 1892/93.

Gesammelte Reden und Schriften. Hrsg. von E. Bernstein. 12 Bde. Berlin 1919/20.

Nachgelassene Briefe und Schriften. Hrsg. von G. Mayer. 6 Bde. Stuttgart u. Berlin 1921–25. Neudruck: Osnabrück 1967 (Dt. Geschichtsquellen des 19. Jahrhunderts; Bde. 4, 5, 6, 7, 8, 17).

Mayer, G.: Bismarck und Lassalle. Ihr Briefwechsel und ihre Gespräche. Berlin 1928.

Ausgewählte Texte. Hrsg. von Thilo Ramm. Stuttgart 1962.

Reden und Schriften. Aus der Arbeiteragitation 1862–1864. Mit einer Lassalle-Chronik. Hrsg. von Fr. Jenaczek. (dtv) München 1970.

Arbeiterlesebuch und andere Studientexte. Hrsg. von Wolf Schäfer. (rororo) Reinbek 1972.

III. Über Lassalle

Mehring, F.: Geschichte der deutschen Sozialdemokratie. 2 Bde. Stuttgart 1897. Neuausgabe (Ost-)Berlin 1960 (Ges. Schriften, Bd. 1 u. 2).

Bernstein, E.: Ferdinand Lassalle und seine Bedeutung für die Arbeiterklasse. Berlin 1904, ²1919.

Oncken, H.: Lassalle. Eine politische Biographie. Stuttgart 1904. ⁵1966.

Vahlteich, J.: Ferdinand Lassalle und die Anfänge der deutschen Arbeiterbewegung. München 1904.

Rosenbaum, E.: Ferdinand Lassalle. Studien über den historischen und systematischen Zusammenhang seiner Lehre. Weimar 1911.

Bernstein, E.: Ferdinand Lassalle. Eine Würdigung des Lehrers und Kämpfers. Berlin 1919.

Oncken, H.: Lassalle. In: Meister der Politik. Hrsg. von E. Marcks u. K. A. v. Müller. Bd. 2. Stuttgart u. Berlin 1922. S. 553–588.

Baron, S.: Die politische Theorie Ferdinand Lassalle's. Leipzig 1923.

Kelsen, H.: Marx oder Lassalle. Wandlungen in der politischen Theorie des Marxismus. In: Archiv für die Geschichte der Sozialistischen Arbeiter-Bewegung, 11, 1925. Neudruck: Darmstadt 1967.

G. Mayer: Lassalles Weg zum Sozialismus. Berlin 1925.

Ramm, Th.: Ferdinand Lassalle als Rechts- und Sozialphilosoph. Meisenheim (Glan) u. Wien 1953.

Steiniger, P. A. u. H. Klenner: Die Überwindung der Lassalleschen Staatsideologie. Eine Voraussetzung für die Lösung der demokratischen Frage in den 60er Jahren des 19. Jh.s. (Ost-)Berlin 1955.

Unger, O.: Staatsrechtliche Anschauungen Lassalles, eine Quelle sozialdemokratischer Wahl- und Parlamentsillusionen in der deutschen Arbeiterbewegung. (Diss.) Potsdam 1956.

Ramm, Th.: Marx und Lassalle. In: Marxismusstudien 3 (1960) S. 185–221.

Na'aman, Sh.: Lassalles Beziehungen zu Bismarck – ihr Sinn und Zweck. In: ASG 2 (1962) S. 55–85.

Wehler, H.-U.: Sozialdemokratie und Nationalstaat. Nationalitätenfragen in Deutschland, 1840–1914. Würzburg 1962. Göttingen ²1971.

Na'aman, Sh.: F. Lassalle – Demokratie und Sozialdemokratie. In: ASG 3 (1963) S. 21–80.

Mommsen, W.: Bismarck und Lassalle. In: ASG 3 (1963) S. 81–86.

Schmid, C.: Ferdinand Lassalle und die Politisierung der deutschen Arbeiterbewegung. In: ASG 3 (1963) S. 5–20.

Miller, S.: Das Problem der Freiheit im Sozialismus. Freiheit, Staat und Revolution in der Programmatik der Sozialdemokratie von Lassalle bis zum Revisionismusstreit. Frankfurt a. M. 1964.

Morgan, R. P.: The German Social Democrats and the First International, 1864–1872. London 1965.

Conze, W. u. D. Groh: Die Arbeiterbewegung in der nationalen Bewegung. Stuttgart 1966.

Na'aman, Sh.: Ferdinand Lassalle. Deutscher und Jude. Eine sozialgeschichtliche Studie. Hannover 1968.

Na'aman, Sh.: Demokratische und soziale Impulse in der Frühgeschichte der deutschen Arbeiterbewegung der Jahre 1862/63. Wiesbaden 1969.

Colberg, E.: Die Erlösung der Welt durch Ferdinand Lassalle. München 1969.

Mommsen, H.: Lassalle. In: Sowjetsystem und demokratische Gesellschaft. Freiburg i. Br. 1969. Bd. III. Sp. 1332 bis 1373.

Na'aman, Sh.: Lassalle. Hannover [2]1971.

Inhalt

Politologische Texte

IN RECLAMS UNIVERSAL-BIBLIOTHEK

Niccolo Machiavelli, *Der Fürst*. Übertragen von Ernst Merian-Genast. Einführung von Hans Freyer. 1218 [2]

Marsilius von Padua, *Der Verteidiger des Friedens*. Übersetzung von Walter Kunzmann. Bearbeitet von Horst Kusch. Auswahl und Nachwort von Heinz Rausch. 7964 [3]

Karl Marx und Friedrich Engels, *Manifest der Kommunistischen Partei. Grundsätze des Kommunismus*. Nachwort von Iring Fetscher. 8323

John Stuart Mill, *Über die Freiheit*. Aus dem Englischen übersetzt von Bruno Lemke. Herausgegeben von Manfred Schlenke. 3491 [3]

Charles de Montesquieu, *Vom Geist der Gesetze*. Eingeleitet, ausgewählt und übersetzt von Kurt Weigand. 8953 [6]

Thomas Morus, *Utopia*. Übertragen von Gerhard Ritter. Nachwort von Eberhard Jäckel. 513 [2]

Thomas Müntzer, *Die Fürstenpredigt*. Theologisch-politische Schriften. Herausgegeben von Günther Franz. 8772 [2]

Thomas Paine, *Common Sense*. Übersetzt und herausgegeben von Lothar Meinzer. 7818 [2]

Platon, *Der Staat*. Übersetzung und Kommentar von Karl Vretska. 8205 [8]

Samuel Pufendorf, *Die Verfassung des deutschen Reiches*. Aus dem Lateinischen übersetzt und herausgegben von Horst Denzer. 966 [3]

Jean-Jacques Rousseau, *Vom Gesellschaftsvertrag oder Grundsätze des Staatsrechts*. In Zusammenarbeit mit Eva Pietzcker neu übersetzt und herausgegeben von Hans Brockard. 1769 [3]

Thomas von Aquin, *Über die Herrschaft der Fürsten*. Übersetzung von Friedrich Schreyvogl. Nachwort von Ulrich Matz. 9326

Philipp Reclam jun. Stuttgart